M. Marius THÉVENET

A LA CROIX-ROUSSE

La Fête de la Tutélaire. — *Le Punch de la brasserie Dupuis.*

Le Discours de la Salle Indienne.

RÉPONSE D'UN CANDIDAT REVISIONNISTE

PAR

C. LEBRUN, avocat.

Prix : 1 Franc.

« Il est des défaictes triomphantes « à l'envy des victoires. » (Montaigne).

« Employant à la fois l'audace et « la ruse, la Franc-maçonnerie a envahi « tous les rangs de la hiérarchie sociale « et commence à prendre au sein des « États modernes, une puissance qui « équivaut presque à la souveraineté. » (S. S. Léon XIII, Encyclique *humanum genus.*)

LYON
IMPRIMERIE DE L. BOURGEON
rue Saint-Paul, 36-38.

1890

M. Marius THÉVENET

A LA CROIX-ROUSSE

La Fête de la Tutélaire. — *Le Punch de la brasserie Dupuis.*

Le Discours de la Salle Indienne.

RÉPONSE D'UN CANDIDAT REVISIONNISTE

PAR

C. LEBRUN, avocat.

Prix : **1** Franc.

« Il est des défaictes triomphantes
« à l'envy des victoires. » (Montaigne).

« Employant à la fois l'audace et
« la ruse, la Franc-maçonnerie a envahi
« tous les rangs de la hiérarchie sociale
« et commence à prendre au sein des
« États modernes, une puissance qui
« équivaut presque à la souveraineté. »
(S. S. Léon XIII, Encyclique *humanum genus*.)

LYON
IMPRIMERIE DE L. BOURGEON
rue Saint-Paul, 36-38.

1890

Aux Électeurs revisionnistes et anti-opportunistes

de la 5e circonscription du Rhône

(IVe arrondissement de Lyon, Croix-Rousse).

MES CHERS ÉLECTEURS,

A vous tous, qui avez encouragé, soutenu, fait triompher dans la lutte électorale la cause revisionniste, je devais, pour ma part, de ne pas laisser sans réponse la manifestation politique, hostile à nos idées, organisée sous couleur d'une fête de patronage scolaire et d'un punch d'honneur, le dimanche 22 décembre, à la Croix-Rousse.

Là, figuraient au premier rang, le Comité central, pâle émanation des loges maçonniques, décapité parlant, centre qui n'a plus de circonférence et qui cherche ses rayons ; puis le citoyen député Marius Thévenet, momentanément préposé à ces deux grandes choses, la Justice et les Cultes, dont la présence et l'éloquence étaient la réelle attraction, *le* clou *de cette réunion : enfin la tourbe des adorateurs du soleil ministériel : les suiveurs de fortune : les éternels courtisans du pouvoir : Chépié, ce grand débris : la gent opportuniste de toute catégorie, mise en déroute aux élections dernières par votre clairvoyance et votre patriotique résolution.*

L'opportunisme fléchissait sur le plateau : *ses troupes se débandaient : on est venu leur porter la bonne parole, ranimer leur ardeur défaillante, encourager le zèle des partisans, rassurer les timides, rallier les hésitants, intimider les superbes, gagner les opposants, amadouer et séduire, s'il se peut, les réfractaires.*

Je doute que ce plan ait réussi ; cette sape a fait long feu. Les entrepreneurs de cette représentation à grand orchestre en seront pour leurs frais. Vos convictions ne sont pas des appétits, vos votes des fantaisies ou des accidents. On vous a jeté un grossier appât, on vous a tendu un piège que vous saurez éviter.

C'est à cette fin, que je vous dédie cette modeste réponse, (retardée par les complications du premier de l'an) à une provocation posthume qui sera sans effet, comme elle a été sans retentissement et sans prestige.

Telum imbelle, sine ictu
Conjicit.

Et ce trait mal dardé, par une main peu sûre,
Ne fera dans nos flancs, que légère blessure.

C. LEBRUN, Avocat,

Candidat du Comité
Républicain révisionniste indépendant de la 2e circonscription

LE DÉPUTÉ

MARIUS THÉVENET A LA CROIX-ROUSSE

La Fête de la Tutélaire. — *Le Punch de la Brasserie Dupuis.*

Le Discours de la Salle Indienne.

RÉPONSE D'UN CANDIDAT REVISIONNISTE

MONSIEUR LE DÉPUTÉ,

Un de vos amis, ou l'un des miens, (seuls les amis ont ces délicates attentions) a bien voulu mettre dans ma boite, votre discours de la salle Indienne, ainsi qu'un journal annonçant que vous deviez présider, le dimanche 22, la fête de la TUTÉLAIRE, à la Croix-Rousse.

C'est ainsi que j'ai connu cette double solennité ; que j'ai pu n'étant pas invité, goûter ces morceaux de choix et savourer votre éloquence... dans les comptes-rendus des journaux. Car il n'y a pas de fête sans discours : c'est le plat de résistance, ou plutôt la brioche du dessert

J'étais dans la grande salle de la brasserie Dupuis pendant qu'à quelques pas, dans l'Orangerie, vous charmiez les oreilles de vos fidèles du Comité Central, par une nouvelle exécution et fugue oratoire. Les cœurs et les murs vibraient à l'unisson, et les irradiations de votre éloquence se propageant en ondes sonores dans tout l'établissement, je pouvais m'associer mentalement à votre gloire et crier *in petto* : Vive Marius Thévenet, gone de Lyon, romain par le nom et la force, athénien par la grâce et l'éloquence.

Cette journée, citoyen, « a plus fait que vingt batailles gagnées ; elle porte la République au *summum* de la gloire », selon votre expression : elle porte surtout son représentant au SOMMET de la Croix-Rousse.

Ici comme à la salle Indienne vous avez fortement daubé sur la revision, sur Boulanger, sur la réaction qui « l'a appelé à elle comme une fille appelant un passant dans la rue. » Quelle noble image ! Quel grand langage ! Quelle inoubliable métaphore !

Et comme toujours, à la salle Indienne, milieu assorti à ce langage... exotique, vous TOMBEZ définitivement ce gouvernement nouveau, du 16 Mai 1877, qui prend le nom de gouvernement d'ORDRE MORAL. « C'est la caractéristique de nos adversaires, dites-vous, d'avoir eu toujours besoin de mettre de la moralité dans les appellations de leur politique. » C'est apparemment parce qu'il y en a beaucoup aujourd'hui dans le gouvernement des Constans et Rouvier, qu'on éprouve plus le BESOIN D'EN METTRE. Si vous n'étiez pas là, parangons de vertu politique, ce serait bien autre chose ; l'ordre moral s'écroulerait par la base! Vous l'avez incarné au pouvoir ; il existe, n'en parlons plus.

Vous admettrez peut-être, Monsieur le Député, qu'ayant eu l'honneur d'être dans la cinquième circonscription, CANDIDAT RÉPUBLICAIN, RÉVISIONNISTE, INDÉPENDANT, ce qui était le titre officiel du Comité qui a bien voulu patronner ma candidature ; ayant eu la bonne fortune d'y recueillir 1300 suffrages au premier tour de scrutin ; enfin n'ayant pas été entièrement étranger à l'élection du citoyen Couturier, revisionniste intégral, socialiste et anti-opportuniste déclaré, je me préoccupe des agissements du citoyen ministre Thévenet, votre ami intime, dans cette circonscription qui n'est pas la sienne.

C'est bien, en effet, le citoyen ministre Thévenet, garde des sceaux du ministère Tirard qui, le dimanche 22, présidait la Fête de la Tutélaire. Une escorte d'honneur l'accompagnait : nombre de personnages importants ; les chefs de l'armée ; les chefs de l'Administration municipale ; des membres du Conseil général du département ; des Inspecteurs primaires et d'Académie ; une foule d'illustrations de tout genre lui faisaient un cortège presque royal, une cour officielle et brillante. Quel splendide état-major ! Quelle auréole !

Je reconnais bien volontiers, citoyen, que vous avez fait le possible, et surtout l'impossible, pour empêcher une confusion que vous jugiez préjudiciable en quelque chose, à la dignité du garde des sceaux, successeur de d'Aguesseau. Vous avez dit à deux reprises, sous des formes variées : « Ce n'est pas comme ministre que je viens vous parler, c'est comme député de Lyon » ; et encore : » Je vous ai parlé comme député et non comme membre du Gouvernement.»

Je prends acte de ces déclarations. Le ministre m'aurait terrifié et je fusse resté probablement bouche close. Le simple député, dont j'ai failli être le collègue, me rassure et délie ma plume. Je sais au reste combien le personnel gouvernemental actuel est amant passionné, protecteur déclaré de la liberté de la presse, de la liberté électorale, de toutes les libertés, sans oublier celle de la conscience religieuse.

Mais par la fatalité des choses, cette qualité de ministre en exercice, bien que momentanée et transitoire par nature, s'attache de façon indélébile à celui qui en est revêtu, *personnæ et ossibus inhæret*, au point qu'il ne lui est point loisible de s'en dépouiller à son gré. Telle la tunique de Nessus qui consumait Hercule. A travers l'homme privé apparait toujours l'homme public, revêtu d'une part importante du pouvoir exécutif, pouvant de rien faire quelque chose, conférer ou ôter fonctions, grades, faveurs, emplois. Les faits et gestes les plus insignifiants, sont inévitablement transformés, grandis, SUBLIMÉS, par cette incarnation du pouvoir souverain dans une chair plébéienne de député.

Bourrée de secrets d'état, de documents officiels et diplomatiques, de projets de loi qui contiennent en germe le bonheur des générations futures, la serviette de l'avocat ou du député se transforme en cette chose auguste : un portefeuille ministériel ! Ce moderne attribut du pouvoir est même, dit-on, revêtu d'un enduit tellement PRÉHENSIF (j'allais dire gluant) qu'on est parfois obligé, lors des mutations ministérielles inévitables, de le SCIER sous le bras de ceux qui en sont chargés, afin de les en délivrer.

C'est là, Monsieur et ancien Confrère, un des inconvénients de la grandeur. Vous ne pourrez plus comme jadis, aller faire votre partie de boules en bras de chemise, au clos Jouve ou ailleurs. Adieu la chasse et les procès-verbaux ! Adieu riant exil des bois ! Vous êtes condamné aux grandeurs, cloué au pilori de la représentation, exproprié de votre individualité, voué pour un temps au rôle gourmé de personnage officiel. Un ministre ne peut plus éternuer que la France entière ne réponde : Dieu vous bénisse ! Si par malheur il est louche ou boiteux, le peuple essentiellement anthropomorphe, identifiant la fonction avec l'individu, dira : la justice est louche ou boiteuse. Mais ces vulgaires préjugés n'atteignent pas les esprits élevés qui savent que souvent ,

Dans un corps sans beauté, s'allume un grand courage.

Et tenez, vous avez pris soin, vous-même, de justifier ma thèse. « Il a annoncé ensuite, qu'à son retour « à Paris il dirait à M. Carnot que la ville de Lyon « etc. Il rapportera aussi ces hommages à Madame « Carnot, etc. — Si comme moi, vous pouviez lire les « rapports qui nous arrivent tous les jours de l'étranger, etc. » — Ah ! je vous prends en flagrant délit ministériel ! Vous parlez de vos rapports quotidiens, officiels avec M. et Mme Carnot : vous parlez, comme député, des rapports qui arrivent tous les jours aux ministres, de l'étranger.

Mais puisqu'il vous plait malgré tout, d'afficher une modestie de bon goût, de parler comme simple député, de remercier vos électeurs en cette qualité ; c'est en cette qualité, qui vous rapproche de nous, simples mortels, prétendants désistés, que je puise l'audace nécessaire pour discuter vos appréciations politiques sur la situation générale, sur le passé, le présent et l'avenir, puisque vous avez touché d'un vol d'aigle à tous ces grands objets.

Plus on est haut placé, plus on voit les choses d'ensemble ! Vous avez su en peu de mots enfermer une quantité de choses ; condenser beaucoup de sens en peu de paroles. Accord rare et magnifique de la force de Démosthènes et de la concision de Tacite. — Je serai contraint d'être un peu plus long. C'est à la raison seule que mes paroles peuvent emprunter un peu de cette autorité, que votre situation communique à vos discours. Combien vous m'avez rendu difficile la tache que j'ai assumée!

II.

Puisque le ministre de la justice, garde des sceaux, est resté à Paris, sans doute, afin de prévenir la prescription relative aux fraudes et manœuvres commises dans les élections de Lodève et de Toulouse, et de mettre en mouvement l'action publique contre les préfets de l'Hérault et de la Haute-Garonne, je n'ai plus devant moi que le député de la 2me circonscription de Lyon.

C'est à lui que je m'adresse et je lui dis : « Je comprends votre présence au milieu des électeurs de la 2me circonscription : je comprends votre discours à la salle Indienne, devant vos frères et amis du COMITÉ CENTRAL et du COMITÉ RADICAL DU RHÔNE, QUI ONT POSÉ VOTRE CANDIDATURE DANS CETTE CIRCONSCRIPTION. » Mais que venez-vous faire ici dans cette circonscription qui n'est pas la vôtre? Député de la DEUXIÈME comment se fait-il que vous veniez porter l'évangile opportuno-radicadettiste, aux citoyens de la CINQUIÈME ? »

Cette démarche me laisse rêveur. Laborieusement, j'ai cherché les mobiles qui ont pu vous conduire SUR LE PLATEAU, les motifs qui ont inspiré votre faconde oratoire sur le mont Aventin lyonnais ?

Je puis me tromper, n'étant pas dans le secret des dieux, c'est-à-dire des loges maçonniques, ni du

Grand Central. Je vous soumets donc humblement mon élucubration. Voici ce qui m'est apparu :

Le motif extérieur, officiel pour ainsi dire, de votre venue, c'est LA FÊTE DE LA TUTÉLAIRE. Qu'est-ce que la TUTÉLAIRE? « Cette société n'a qu'un but au dire de son Président, faciliter la fréquentation des écoles, en fournissant des vêtements et des chaussures aux enfants à qui la détresse des parents ne permet pas de se présenter convenablement vêtus dans les classes. »

Ceci est excellent « philanthropique et patriotique » disait le grave Président, qui parait affectionner cette juxtaposition en rime riche, des adjectifs et des adverbes. Mais cette faveur est-elle également et impartialement (style Grinand) répandue sur tous les enfants de toutes les écoles? Est-elle au contraire exclusivement réservée aux enfants qui fréquentent les écoles laïques ? Les autres sont-ils moins nécessiteux, moins méritants ? La DÉTRESSE n'atteint-elle pas aussi leurs parents?

Ceci sans doute est une imitation de la fête de Noël à l'Élysée, dont, par une partialité regrettable, et une sélection imméritée, ont été exclus aussi les élèves des écoles libres. « Assurez Mme Carnot, dit le citoyen Grinand, que si les enfants pauvres de la Croix-Rousse » etc. Pardon, citoyen, il aurait fallu dire : les enfants pauvres de la Croix-Rousse fréquentant les écoles laïques et non pas les écoles libres, etc. (le reste comme ci dessus). Ainsi le voulait l'exactitude et aussi la PARTIALITÉ qui a présidé à la distribution des secours accordés par la TUTÉLAIRE. . . . laïque.

Voilà, monsieur le député ministre, ce que pour être exact, aussi, vous devrez « rapporter à Mme Carnot, qui préparait alors une fête pour 400 enfants pauvres. » Vous pourrez lui faire remarquer accessoirement, que la misère n'atteint pas seulement les partisans de l'instruction laïque ; et que dans un pays, où la liberté de conscience est depuis un siècle un principe constitutionnel, il serait peut-être plus convenable de ne pas faire porter aux enfants la peine des convictions religieuses de leurs parents, alors surtout que cette religion est reconnue et subventionnée par l'État.

« Le gouvernement de la République, avez-vous dit avec une allure toute ministérielle, n'est pas un gouvernement de SECTAIRES: il ne veut que le bien. » Soit, il a beaucoup à faire pour se laver de cette tache, la tache de sang de Macbeth ; et d'abord, ne pas faire œuvre sectaire. « Faites-vous l'apôtre et surtout l'exécuteur de cette maxime » vous dirons-nous, comme vous l'avez si bien dit aux membres étonnés du Grand Central.

Après les motifs officiels, apparents et avoués, j'arrive aux motifs secrets et réels de votre manifestation du 22; à cette « pensée de derrière » dont parle Pascal, à ces raisons secrètes qu'on ne dit pas, mais qui font agir ?

Seraient-ce vos sympathies pour le citoyen Chépié, cet illustre débris, jadis le Polyphème de la députation du Rhône, qui vous attiraient sur le plateau ? Ou bien le compliment annoncé, puis débité, par les deux petites filles que vous avez embrassées, ce qui, disait un journal, a dû leur faire bien plaisir ? Serait-ce le PUNCH D'HONNEUR que vous a offert à la brasserie Dupuis, (salle de l'Orangerie, souvenir de Versailles) le Comité Central, cet astre éteint, ce cadavre ambulant, ce centre qui n'a plus de circonférence et qui cherche ses rayons? Serait-ce l'amour

désintéressé des faibles, des petits, des déshérités, qui « MALGRÉ VOS GRAVES OCCUPATIONS, MALGRÉ VOS HAUTES FONCTIONS » disait gravement le grave Président, vous a porté à honorer par votre présence l'assemblée générale de la Tutélaire ; à montrer l'attachement que vous avez à cette société » ?

(Style Grinand — Que diable ? un adjoint de la seconde ville de France pourrait parler un autre langage, surtout dans une salle de l'école normale des INSTITUTEURS ! Prenez donc modèle sur votre illustre patron, dont la langue à la tribune est toujours si dégagée !)

Certes, ces motifs généreux, j'en suis persuadé, n'ont pas été étrangers à votre détermination. Mais il en est un autre. Vous avez tenu à dépouiller le faste et les grandeurs, à redevenir, pour un après-midi, simple citoyen, comme jadis la Montespan, la Pompadour et même l'héroïque Marie-Antoinette, quittaient les soucis de la grandeur pour devenir simples bergères au Petit-Trianon. — Vous avez laissé, à Paris, place Vendôme, les grandeurs officielles, le ton gourmé, l'étiquette quasi-royale du ministère, pesante à vos épaules, et vous voilà redevenu, comme avant cette aventure, bon enfant, gone de Lyon, allant boire des bocks, faire flamber le punch et trinquer à la brasserie avec les frères et amis. — C'est très bien :

Le masque tombe, l'homme reste
Et le héros s'évanouit.

J'ai toujours admiré Sylla, abdiquant la dictature pour redevenir simple citoyen, Dioclétien allant planter ses choux, Charles-Quint désertant les splendeurs de l'Escurial et de l'Alhambra pour revêtir l'habit de moine au couvent de St-Just ; et même l'archiduc Jean, abdiquant hier ses titres et privilèges, pour se faire inscrire, après concours, comme capitaine de marine marchande. Voilà de grands et rares exemples ! Ces abdications, il est vrai, étaient un peu plus longues que la vôtre et généralement définitives : mais,

Le temps, cher Marius, ne fait rien à l'affaire.

Donc, c'est grand, c'est beau, c'est antique et moderne à la fois, comme une tragédie de Corneille ou de Racine.

Vous allez me trouver bien soupçonneux et bien méchant, mon confrère du barreau de Paris ? J'ai trouvé ! EURÉKA ! comme Pythagore et Archimède ; — cette pensée, que je vous attribue, n'aurait-elle pas traversé votre esprit ?

« La Croix-Rousse n'est plus sensible à la vertu ni aux charmes de Chépié : ses goûts changent. GIGOT-Z-A L'AIL n'est plus prisé à sa valeur. Elle nomme un affreux revisionniste, un socialiste, un anti-opportuniste déclaré! Le plateau nous échappe (ne pas confondre avec l'ASSIETTE AU BEURRE). Nos troupes se débandent ; le mont Aventin se révolte ; et la débâcle commence. — Que deviendra la République quand nous ne serons plus là ! Qui soutiendra le pendu, si la corde casse? Constans, Rouvier et moi, ne sommes nous pas les indispensables, les hommes providentiels, nécessaires ?

« Après tout, nous avons été imprudents. On a saturé ces braves tisseurs, de promesses décevantes qui attendent encore leur réalisatiou. Ils commencent à se défier de nous, à voir clair dans notre jeu, à ne plus se contenter de périodes ronflantes et de mots sonores : on a le sens pratique à la Croix-Rousse !

Puis ils souffrent : le plateau se dépeuple; la soirie émigre dans les campagnes et les départements avoisinants : les bons articles se font rares ; les vrais CANUTS de la CANUSERIE gagnent péniblement leur vie et mangent leurs petites économies. Les pouvoirs publics n'ont pas l'air de s'en apercevoir. Des scandales éclatent de toutes parts dans les régions du pouvoir, des accaparements monstrueux se produisent sans être réprimés. La féodalité financière qui se reconstitue, la juiverie en général, y compris mon client Meyer, attirent et absorbent par des moyens inavouables le plus clair de l'épargne des travailleurs. — Tous les gens au Pouvoir s'enrichissent; arrivés avec des dettes et quelquefois des bottes éculées, en quelques années, ils se refont, ont pignon sur rue, voitures et chevaux, donnent des fêtes ou font accorder à leur fils des bourses avec trousseau complet, comme cet ancien questeur de la Chambre, le sénateur Margaine, etc. A Lyon comme à Paris, les conseillers municipaux s'allouent des indemnités outre les honneurs et le reste. On construit des Facultés, une Préfecture, des Ponts... Perrache et Bellecour sont en liesse ; on y donne des fêtes magnifiques; la Guillotière même est l'objet des prévenances administratives ; mais le Plateau est toujours négligé, toujours déshérité. Il n'est donc pas étonnant que le mécontentement s'y fasse jour, que la désaffection y grandisse , qu'on y crie, à bas le central ! et qu'on y promène le mannequin de Chépié !

« Je vais réparer tout cela : moi seul, et c'est assez! J'irai là haut, je me montrerai dans tout l'éclat de ma gloire, dont, pour ne pas offusquer les regards, j'aurai soin de voiler quelques rayons. Je mettrai une sourdine à mon violon, un chapeau de soie sur mon auréole; je laisserai mon portefeuille à Paris et reprendrai ma serviette. A ces braves tisseurs souffrants mais sensibles, émus et reconnaissants, je dirai quelques bonnes paroles; j'esquisserai, sans me compromettre, avec des contours vagues et indécis le programme des revendications de l'avenir; je tracerai le programme de la Chambre actuelle. Ils trembleront sur les dangers qu'a courus la République; ils seront charmés, éblouis des perspectives que je leur ouvrirai. — Ainsi je rallierai nos troupes qui se débandent. Je soutiendrai les faibles, je rassurerai les timides, je raffermirai les hésitants, les indécis. — Mes paroles, mes exhortations, mes promesses exciteront le zèle des indifférents, contiendront les superbes, intimideront les novateurs. — Le Plateau appartient à l'opportunisme ; la Franc-Maçonnerie y règne et gouverne ; le Central y rayonne dans son incomparable majesté. Il s'agit de maintenir nos positions, de ne pas laisser entamer par l'ennemi cette citadelle, qui abrite l'avant-garde de la démocratie opportuniste. Tout ce qui ne fait point partie du Central ni des Loges, ne saurait être républicain, de notre République à nous. Qui n'est point pour nous est contre nous. Qui n'admire point Chépié, n'a ni foi, ni loi. — Sus à l'ennemi revisionniste. Cette journée pacifique aura plus fait pour la République que vingt élections boulangistes annulées.

« A la salle Indienne, devant mes électeurs, j'ai été plus explicite, j'ai affirmé *que le programme républicain était tout tracé*, je l'ai résumé dans ces mots alléchants et peu compromettants : « Faire œuvre « saine et profitable au pays. — Nous allons avoir

« à donner au pays une ORIENTATION POLITIQUE.
« Nous avons ensuite de graves questions à étudier.
« — Il y a une revision dont on ne parle pas, la
« REVISION DE L'IMPOT, (Comment ! mais depuis dix
« ans on ne parle que de celà !), une répartition de
« l'impôt entre les contribuables qui ménage da-
« vantage les petits producteurs ». Quelle habileté dans ces paroles ! Quel Eldorado dans ces généralités !

Très bien ! mais le MOYEN ? En dehors de l'IMPOT PROPORTIONNEL, je ne vois que l'IMPOT PROGRESSIF, frappant dans une proportion accrue et GÉOMÉTRIQUE les gros capitaux. Est-ce là votre opinion, citoyen député ? Il serait utile de le savoir : il serait profitable de vous expliquer sur ce point décisif. — Sortez du nuage où vous vous complaisez ; descendez sur terre, et dites-nous nettement quelles sont vos visées, c'est-à-dire vos principes d'une part, de l'autre les moyens précis et pratiques de les réaliser suivant la loi de justice. Nous attendons, en ce point, avec anxiété, vos explications. Ne vous contentez pas du mot de Jérôme Paturot : demander plus à l'impôt et moins au contribuable !

Vous avez ajouté : « il y a encore des lois à refaire, sur les associations. » Non, celle-ci n'est pas à RE-FAIRE ; elle EST A FAIRE. Une loi de droit commun sur l'association est urgente, indispensable. C'est le projet Dufaure ; qu'est-il devenu ? il est renvoyé aux calendes grecques ! Vous ne voulez pas faire cette loi sur l'association, parce que le clergé et les ordres religieux pourraient en profiter, qu'ils seraient alors à l'abri de vos coups. — Vous préférez de prétendues LOIS EXISTANTES inappliquées depuis un demi-siècle, que vous remettez en vigueur par un décret, c'est-à-dire par un acte du pouvoir personnel du chef de l'exécutif. — Vous voulez avoir à votre disposition cet arsenal de vieilles armes de toutes les époques, d'instruments de tortures de tous les régimes, pour terrifier, combattre et réduire en servitude, par des moyens variés, vos adversaires. — Cette loi de DROIT COMMUN SUR L'ASSOCIATION, ce faisceau qui n'additionne pas simplement les forces mais les multiplie l'une par l'autre ; cette loi qui permettrait à la liberté de s'implanter chez nous, au moyen d'une institution considérée comme naturelle, nécessaire, fondamentale chez tous les peuples libres ; à laquelle la race anglo-saxonne doit, en grande partie, sa vitalité, sa vigueur, son irrésistible expansion, je vous défie de la faire ! vous avez trop peur de la liberté d'autrui pour lui permettre de s'exercer ! Votre pouvoir ne s'est élevé que sur les ruines de toutes les libertés ! Je ne fais d'exception que pour la Haute-Cour !

Nous savons comment vous entendez la liberté électorale, avec une pression éhontée, la terreur officielle et les fonds secrets ! la liberté de conscience avec les expulsions, les laïcisations malgré les conseils municipaux, la caserne et le sac au dos pour les curés ! Vous êtes les Tartuffes de la liberté, les exécuteurs des basses œuvres des Loges, les Jacobins du Centenaire !

Cette digression close, je reprends et poursuis l'exposé de votre programme de la salle Indienne. « Il y a encore des lois à refaire sur les Syndicats, SUR LES SALAIRES, DES RAPPORTS A ÉTABLIR ENTRE LE CAPITAL ET LE TRAVAIL. Il y a là l'œuvre d'une Chambre. Ce travail il faudra l'entreprendre. Et le parti républicain devra UNIQUEMENT S'ATTACHER A CES RÉFORMES. » Oui, il faut s'occuper de tout cela ; oui il y a là toute une législation du travail A FAIRE, une considérable lacune de nos codes à combler — mais ce n'est pas avec des généralités vagues et creuses, avec des mots vides de précision, avec des indications sans portée parce qu'elles sont sans étude ni connaissance préalable de ces questions complexes et de ces graves problèmes, qu'on arrivera jamais à réaliser un progrès nécessaire, à apaiser les légitimes revendications des travailleurs, à faire œuvre rationnelle, pacifique et durable. — En touchant à ces questions de répartition, de travail et de salaire, vous ouvrez l'outre d'Éole, citoyen Marius; prenez garde de déchaîner les tempêtes! La QUESTION SOCIALE veut d'autres hommes que vous! Gambetta et Ferry l'ont prudemment niée pour n'avoir pas à la résoudre. Le jour où elle se lèvera, vos portefeuilles s'en iront au vent avec tous les projets de loi qu'ils peuvent contenir... *Ludibria ventis*.

Mais j'ai tort de dire tout cela, il serait plus sage d'imiter votre prudente réserve, de rester dans la généralité, dans les mots séparés des idées et les étiquettes qui dissimulent un flacon vide.

« Il faudra encore dites-vous, assurer à ce pays le RESPECT DE L'AUTORITÉ et REFAIRE le PRINCIPE DU GOUVERNEMENT. » Que peut vouloir dire cette logomachie? Quand le pouvoir est sage et juste, qu'il s'exerce avec modération et se contient dans son légitime domaine, il est toujours respecté. Quant il trouble et violente tout, qu'il s'exerce par des mains rapaces, injustes et sectaires, il est méprisé et c'est justice. Ou plutôt ce n'est pas le pouvoir qui est visé, ce sont les mains qui l'exercent, ce sont les excès auxquels on l'applique. — L'autorité, quand elle est légitime et bienfaisante, obtient toujours l'assentiment et le respect des peuples.

Vous parlez de REFAIRE LE PRINCIPE DU GOUVERNEMENT ! Cette phraséologie m'effraye et cette métaphysique m'échappe. « La République, dites vous, DOIT ÊTRE un gouvernement aussi soucieux de s'incliner devant la loi que soucieux que personne ne la viole ; elle doit être un gouvernement qui protège efficacement ses fonctionnaires » — Voudriez-vous insinuer par là que la République n'est pas encore ce gouvernement SOUCIEUX DE S'INCLINER DEVANT LA LOI, SOUCIEUX QUE PERSONNE NE LA VIOLE, ni qui PROTÈGE efficacement SES FONCTIONNAIRES ? Si elle DOIT ÊTRE cela, c'est qu'elle ne L'EST PAS ENCORE apparemment ? Quelle critique sanglante, quelle amère ironie dans la bouche du garde des sceaux, s'exprimant par la parole d'un député ! Eh bien vrai ! je supposais que M. Q. de Beaurepaire avec les récentes condamnations et les anciens et satisfaisants dommages intérêts obtenus à tort et à travers contre un tas de gens, etait suffisamment protégé par les subordonnés de M. le garde des sceaux ! Mais il n'est peut-être pas suffisamment respecté ? A cela je n'aperçois pas de remède, le respect ne s'imposant guère.

Les préfets ne seraient-ils pas assez PROTÉGÉS, même en matière électorale ? Il me semble pourtant que la chambre nouvelle couvre et légitime leurs actes les plus hardis, avec une complaisance paternelle, et une reconnaissante indulgence ! Je n'aperçois pas que du côté soit des chambres, soit du pouvoir exécutif, la protection leur fasse défaut. Mais vous êtes mieux informé que je ne puis l'être, et le ministre proche parent du député que je discute, a peut-être des raisons spéciales, que je ne soupçonne pas, de proférer ces plaintes, de signaler ces *desiderata*. — Veuillez nous édifier, citoyen Thévenet; nous ne demandons qu'à être édifiés !

Mais qui donc viole la loi, sinon les Wilson, les Meyer, les accapareurs de blé, de métaux, les financiers et juifs de toutes catégories, les administrateurs de grandes sociétés industrielles ou financières, les francs-maçons surtout, qui constituent un ÉTAT DANS L'ÉTAT ET CONTRE L'ÉTAT, et qui, si je ne me trompe ne sont ni dissous, ni poursuivis, ni surveillés, ni expulsés ?

Voilà, Monsieur le député, quelques-uns de ceux qui violent ouvertement les lois EXISTANTES et actuelles et que je vous prie de signaler à certain ministre de votre connaissance intime sur lequel vous pouvez avoir quelque secrète et bienfaisante influence.

C'est peut être vous demander beaucoup, car vous pouvez avoir quelques amis dans ce monde là ; — mais la Justice avant tout, n'est-ce pas ? Vous le savez mieux que personne quand vous êtes à Paris, au ministère, dans votre entité complète.

Vous savez alors, comme ministre de la Justice et surtout des cultes, faire justice entière, principalement vis-à-vis du Clergé ; ce n'est pas vous qui tolérez ses empiétements ! Vous réprimez avec une salutaire et impitoyable rigueur tous ces agissements de curés qui ont osé recommander aux fidèles de voter pour d'honnêtes gens connus d'eux, pour des gens de leur culte et de leur communion. — Vous avez privé 300 d'entre eux de leur modeste traitement et ce, de votre seule autorité. Pas d'éclaircissement, pas de publicité, pas de défense ! La suppression des émoluments est illimitée, dans la main et sous le bon plaisir du gouvernement. On laisse subsister la fonction, tout en retranchant l'émolument, l'indemnité, le salaire, la rémunération. J'avoue que je trouve ceci un peu vif — car enfin vous pouvez vous tromper ou être trompé par vos agents, et la libre défense des inculpés a paru être jusqu'ici un des principes de notre droit, du droit commun applicable à tous les citoyens. Vraiment ces pauvres curés qui, à l'imitation de votre collègue Mgr Freppel, ont cru pouvoir parler en chaire SUR LES DEVOIRS DES CHRÉTIENS DANS L'EXERCICE DU DROIT DE SUFFRAGE, me semblent bien durement traités ! Vous ne pouvez cependant pas exiger, comme ministre des cultes, qu'ils recommandent de voter pour des protestants, des francs-maçons ou des libres-penseurs ! Et je me permets de douter que dans les loges maçonniques que vous avez fréquentées, les frères trois-points aient jamais recommandé ou prescrit de voter pour des catholiques pratiquants, pour des curés ou des évêques ? Puisque la religion catholique est reconnue et subventionnée par l'État, je ne sache pas que les catholiques ne soient plus citoyens, ou qu'ils soient frappés d'une incapacité morale ou légale de devenir législateurs ? La lettre à M. Castagnary, directeur des cultes, est un programme dangereux à suivre jusqu'au bout. Décidément, plus encore que Paul Bert, son fondateur, vous faites partie de l'ordre, non expulsé celui-là, DES CONCORDATAIRES DE LA STRICTE OBSERVANCE.

III.

Je me demande en vérité pourquoi je m'attarde à tout ceci, prononcé à la salle Indienne et qui

Se ressent bien des lieux où s'épanchait l'auteur.

Vous serez assez bon pour m'excuser d'avoir cru, que votre discours du vendredi, aux frères et amis des comités central et radical, pouvait servir de glose et de commentaire au discours plus restreint prononcé soit à la Tutélaire, soit aux lueurs du punch de la brasserie Dupuis. Je n'ai pas voulu diviser ces deux manifestations de votre VERBE : affaiblir en les séparant ces deux révélations qui se complètent si heureusement. J'ai tant de plaisir à m'entretenir longuement avec vous, à savourer cette parole chaude, concise, colorée et AUTORISÉE!

J'arrive maintenant et me contiens pour le moment à votre discours sur le plateau, sur LA MONTAGNE.

Le sujet principal de ce discours, dont je possède deux versions concordantes dues à ces deux évangélistes, unis par la foi, mais distincts par la manière et le talent, le ***Lyon Républicain*** et le ***Progrès***, est double ou triple : le césarisme et la revision d'une part ; de l'autre le sens des élections, les progrès déjà réalisés ; enfin l'apaisement qui se produit, la patience et l'union indispensables au progrès, à la réalisation des réformes désirées.

En un mot, le passé, le présent, l'avenir, et c'est tout ! Que de choses en peu de mots ! Combien j'aime cette concision brillante, ***nitida brevitas*** dont parle Quintilien ! C'est le cachet des maitres. Donc vous voilà venu ! La cérémonie commence : « La présence du MINISTRE, dit le *Progrès*, donnait à cette assemblée un caractère tout particulier. »

Tout d'abord je constate avec peine que le citoyen président Grinand, a mis de suite les pieds dans le plat, avec une gravité et une insistance particulières. Il a trahi votre INCOGNITO avec un sans gêne qui a dû singulièrement vous contrarier. Je me crois tenu à répéter textuellement ses paroles :

« Merci donc à vous tous, Messieurs, à vous MONSIEUR LE MINISTRE, pour avoir bien voulu honorer l'assemblée générale de la Tutélaire malgré VOS GRAVES OCCUPATIONS : par votre présence vous nous montrez l'attachement que vous avez à notre société. Nous le connaissions, Monsieur, et nous sommes heureux de constater que malgré vos HAUTES FONCTIONS. . . . En terminant MONSIEUR LE MINISTRE, permettez-moi de vous faire une franche déclaration. . . . »

Combien tout ceci a dû vous peiner, froisser votre modestie, de voir ainsi casser l'encensoir sur le nez du ministre ! Mais quelle noble franchise ! Quel langage officiel et élevé !

C'est probablement ce qui vous a forcé de remercier les membres de la société AU NOM DU GOUVERNEMENT, dit le compte rendu. « Puis MONSIEUR LE MINISTRE les invite à RÉPANDRE AUSSI CETTE IDÉE que le gouvernement de la République est le GRAND ÉDUCATEUR de la jeunesse. »

Pardonnez aussi ma franchise. Il serait bon pourtant de s'entendre. Jusqu'ici on a distingué l'ÉDUCATION de l'INSTRUCTION. L'INSTRUCTION c'est le développement, l'exercice des facultés de l'esprit se manifestant par l'acquisition des connaissances, l'apprentissage des sciences. L'ÉDUCATION c'est le

développement de la partie affective et morale, de la conscience et du sentiment. Ce sont aussi les manières, le ton, la tenue extérieure qui font l'homme délicat, distingué, de bonne compagnie. Que le gouvernement de la République puisse donner l'instruction dans les écoles et lycées, c'est possible, c'est certain : mais qu'il prétende donner l'ÉDUCATION, c'est autre chose ! L'idée religieuse est nécessaire au développement de la conscience morale. Elle précise le devoir et sa sanction, actualise l'idée de Dieu, père et juge, cause et fin dernière, elle renforce l'obligation en la rendant sensible, présente, inévitable. « Nous ne voyons bien nos devoirs qu'en Dieu, écrit un délicat penseur : c'est le seul fond sur lequel ils soient toujours lisibles à l'esprit. »

Voilà pourquoi l'école laïque, l'enseignement non pas athée si vous voulez, mais athéistique, naturaliste et extra religieux est incapable de développer, mais tout au contraire oblitère le sens moral, la conscience du devoir, pour ne laisser subsister que celle du droit, de la personnalité solitaire et égoïste. Le devoir est un lien ; le droit isolé du devoir n'est que l'égoïsme agrandi, la personnalité mise en avant, et préférée à tout. Le droit, c'est Ajax, rude combattant, armé pour la lutte, indifférent à toute pitié, à toute sympathie, à tout amour. Aussi la rigueur absolue du droit aboutit à l'injustice : ***summum jus summa injuria***. Fais ce QUE DOIS, advienne que pourra, disait la forte honnêteté de nos pères. Ils avaient compris que le devoir comprend le droit ; mais non réciproquement que le droit isolé du devoir n'est qu'une injustice, la férocité du moi, le triomphe de la personnalité séparée. Dans le sens vrai, et philosophique : le DROIT N'EST QUE L'ACTION DE LA LIBERTÉ CONFORMÉMENT AU DEVOIR. — Ainsi en

répudiant toute idée religieuse, en proscrivant la religion de vos écoles, du même coup, vous excluez toute possibilité d'ÉDUCATION, tout développement de la partie morale, sensible, affective. Vous tuez la conscience et le cœur. Vous faites des brutes intelligentes, sans pitié, sans enthousiasme, sans respect d'autrui, prêtes à tous les excès du jacobinisme rectiligne, d'autant plus dangereuses, que leurs facultés intellectuelles sont aiguisées, affinées, que leur sens moral est nul, affaibli ou absent.

Aussi je vous admire quand vous ajoutez : « En répandant cette idée (que le gouvernement de la République est le grand éducateur de la jeunesse), on façonnera les générations à venir : on formera des hommes connaissant bien LEURS DEVOIRS, FAISANT LE BIEN et vivant dans les idées vivifiantes de la liberté. »

Je n'aperçois absolument aucun rapport, aucun lien, entre CECI ET CELA, entre cette IDÉE, que le gouvernement est un grand éducateur, et la FAÇON que vous prétendez donner aux générations à venir, et la connaissance DU DEVOIR et la pratique DU BIEN. Je crois voir au contraire, je vois déjà, que CECI TUERA CELA, et que cette œuvre d'oblitération de la conscience morale que vous avez entreprise inconsciemment peut être et qui nous fera des générations de brutes instruites, est singulièrement avancée . . . Cette humanité inférieure, grossière et sans pitié, apparait déjà dans l'âge précoce des criminels au dessous de vingt ans ! Le niveau de la moralité baisse de toutes parts. Allons, proscripteurs des prêtres et persécuteurs du clergé, ayez donc le courage de vos haines maçonniques et la franchise de vos destructions ! Vous voulez imposer à tous votre naturalisme idiot ! Vous voulez déchristianiser

la fille aînée de l'Église ! Vous justifiez bien ce mot de Benjamin Constant : Il y a une sûre et secrète solidarité entre le matérialisme et le despotisme !

Vous n'êtes pas un GOUVERNEMENT DE SECTAIRES, dites-vous ! Vous ne voulez que le bien !

Prouvez-le par vos actes, nous y applaudirons ! C'est à ses fruits que l'on connait l'arbre ! Jusqu'ici et de plus en plus, vous ne donnez que des fruits empoisonnés. L'opportunisme ! c'est le mancenilier de la politique. Il tue tout ce qu'il abrite.

IV.

De la grande salle des conférences de l'école normale des instituteurs, transportons-nous, avec le citoyen Thèvenet, du côté opposé du boulevard, à la brasserie Dupuis, salle de l'orangerie. C'est là que les AMIS DE LA CHANSON, viennent chaque mois faire entendre les joyeux refrains de la chanson gauloise, les derniers soupirs de la gaîté française. C'est là qu'a pérorè Burdeau, le grand Burdeau, le Burdeau des familles, le philosophe politicien, le traducteur de Schopenhauer, celui qui proposa un jour aux chambres françaises d'exclure des écoles spéciales françaises tous les jeunes gens qui auraient fait leur éducation à l'étranger ! Voilà du patriotisme ou je ne m'y connais pas ! C'était une manière d'atteindre ces affreux jésuites, par delà la frontière. La chambre ne goûta pas l'avis de Burdeau ; j'opine qu'elle eût tort. C'était un moyen pratique et sûr d'étendre notre influence, de relever notre prestige et d'assurer notre avenir ! L'ancien chef de cabinet de Paul Bert, se rejeta alors sur Schopenhauer et le budget. Là il fit merveille. Soyez sûrs que cet universitaire enragé nous ménage encore des surprises. Un si grand talent ne saurait éternellement demeurer sous le boisseau. Mais Burdeau n'était pas là, bien que la brasserie Dupuis repose sur le sol de sa circonscription électorale. Éternels regrets ! Car nous avons été privés d'un second discours, non moins remarquable que le premier.

Donc les murs de la brasserie Dupuis, section de l'orangerie, étaient un théâtre bien choisi pour un punch assaisonné de discours.

Là vint Thévenet, dire son âme devant un auditoire choisi... dans le grand central.

Conticuere omnes, intentique ora tenebant.

Tous se turent, et leurs oreilles dressées devinrent attentives :

L'orateur, ouvrant la bouche, les enseignait ainsi :

« Je n'ai pu venir à Lyon depuis les élections (à cause des HAUTES FONCTIONS et des GRAVES OCCUPATIONS relatées par le Président), et j'ai dû seulement — çà été une dure nécessité pour moi ! (ô profondeur des affections politiques dans un noble cœur !) remercier par lettre les électeurs du IIe arrondissement qui m'ont fait l'honneur, etc. »

Que viennent faire ici les électeurs du IIe arrondissement? vous vous adressez aux électeurs du IVe, transformé, pour les besoins de la cause opportuniste, en 5e circonscription. Vous êtes sur le sol du Ier arrondissement, qui n'est pas le vôtre. Visiblement il y a là une transposition, un *lapsus*. C'est un fragment de votre discours de la salle Indienne que vous avez cousu à votre allocution-punch.

« Avec quel plaisir, avec quel empressement, j'ai saisi l'occasion de venir à Lyon pour remercier les

ÉLECTEURS LYONNAIS de leur ADMIRABLE CONDUITE et de LEUR FERMETÉ A DÉFENDRE LES INSTITUTIONS RÉPUBLICAINES! » — Eh bien! là, vrai! vous n'êtes pas difficile!

Les électeurs lyonnais de votre circonscription, je le comprends ; mais ceux de la Croix-Rousse, je ne comprends plus. Quant à leur CONDUITE que vous jugez ADMIRABLE, je pense comme vous ; quant à LEUR FERMETÉ A DÉFENDRE LES INSTITUTIONS RÉPUBLICAINES, je suis tout à fait de votre avis ; mais par d'autres motifs. Ils ont en effet répudié le citoyen Chepié, le grand Manitou du CENTRAL. Ils ont élu un REVISIONNISTE INTÉGRAL, un ANTI-OPPORTUNISTE DÉCLARÉ, un SOCIALISTE, et c'est en quoi, moi l'un de leurs candidats, qui me suis désisté en faveur du susdit, je les remercie et les félicite. — Ils ont défendu les institutions républicaines en repoussant ici les intrigants, les exploiteurs, les hâbleurs, les francs-maçons, les corrompus. — Donc, vos félicitations se trompent d'adresse : vos remerciements ne sont qu'une flatterie sans objet, à moins que vous ne trouviez dans le fond, par devers vous, qu'ils ont eu raison de se priver de Chepié et d'élire le citoyen Couturier ; ce qui me surprendrait encore : donc, *non erat hic locus.* »

« Ce n'est pas comme ministre que vous parlez, c'est comme député de Lyon. » nous le savons déjà, mais nous avons constaté que les journaux, que le sieur Grinand, né malin, n'en ont rien cru, qu'ils vous ont bel et bien traité en ministre, en GARDE DES SCEAUX.

« Comme député, vous ne venez pas adresser des paroles de regrets ni d'amertume, (quelle générosité!) qui seraient à la fois superflues et déplacées. Vous venez simplement vous entretenir avec les électeurs du plateau, de la situation politique actuelle (c'est le présent), leur dire quels périls les ont menacés (c'est le passé), et les prémunir contre ceux qui les menacent encore » (c'est l'avenir).

« Nous venons de passer par de DIFFICILES ÉPREUVES ». Vous! assurément, Messieurs du ministère, mais non pas le régime républicain. Ce n'est pas précisément la même chose. « L'État c'est moi », prononcé par Louis XIV avait un sens ; dans votre bouche il serait au moins déplacé.

Voici ces épreuves qui vous ont trempé et aguerri : « Pendant dix mois, LES ENNEMIS DE LA RÉPUBLIQUE prenant tous les masques et employant tous les subterfuges, ont essayé de venir à bout de nos institutions. Ils ont crié sus au Parlement qui, d'après eux, devait disparaître! » — (Oui, la Chambre introuvable de 1885 devait disparaître pour le bien du pays !)

Ici je vous arrête ; je ne permettrai pas que dans la circonscription où j'ai eu l'honneur de me présenter comme REVISIONNISTE, où 1300 citoyens ont eu confiance en ma loyauté, vous veniez nous traiter en « ennemis de la République prenant un masque, employant tous les subterfuges pour essayer de venir à bout de nos institutions ». Ceci dit ici, peut et doit paraître viser des individualités ; désigner les candidats revisionnistes du plateau.

Pour ma part, autant que vous, je crois être républicain, et je vais vous le prouver ; peut-être même l'ai-je été avant vous. En tout cas, je n'ai jamais fait partie du CERCLE OZANAM, qui n'était pas précisément un bouquet de républicains. Excusez-moi de parler de moi-même ; le moi est haïssable ; je le sais, mais vous m'y forcez. — Magistrat en Algérie depuis septembre 1869, je prononçais à mon audience de la justice de paix de Philippeville, le 9 septembre 1870, une allocution reproduite par les journaux (1) dans laquelle je copie textuellement les paroles suivantes :

« Citoyens, — La République a été officiellement proclamée à Paris le 4 septembre à cinq heures du soir, et à Philippeville le lundi 5 à deux heures de l'après-midi.

« Vous l'avez tous et spontanément acclamée !

« C'est au nom de la République que nous allons rendre la justice. La justice est impersonnelle, elle n'est d'aucun temps ni d'aucun lieu ; elle est humaine et divine à la fois. La notion en existe, claire et lumineuse dans l'esprit de chacun de nous. Mais il est des formes de gouvernement qui la réalisent plus complètement, qui, plus directement, l'affirment et s'y rattachent.

« Chez un peuple dont la loi politique est le suffrage de tous, fondé sur l'égalité de nature, la forme républicaine est de toutes les formes possibles de gouvernement LA PLUS *adequate* A L'IDÉE DE JUSTICE.

« Les intérêts de tous doivent être gérés par les mandataires de tous, etc...

« La République, c'est la gestion réelle et effective de la chose publique par les citoyens ; c'est le gouvernement du pays par le pays, du peuple par le peuple. C'est le contrôle incessant, minutieux et efficace de tout par tous. Sa forme essentielle, c'est l'élection, comme son principe, a dit Montesquieu, c'est la vertu.

« Soit directement, soit indirectement, la magistrature doit être fille de l'élection, etc., etc. »

---

(1) Le *Zeramna* de Philippeville du 10 septembre 1870.

Ce qui nous sépare peut-être actuellement, Monsieur le député, c'est que nous avons deux conceptions différentes du régime républicain. L'étiquette est la même, le contenu diffère. Je suis spiritualiste et chrétien et le dis hautement. Là se trouve selon moi la racine du progrès pour l'individu, et pour la société, le moyen de la grandeur, de la justice, de la prospérité, de tous les perfectionnements; la loi et le terme de l'évolution qu'accomplit l'humanité. — Or, êtes-vous spiritualiste ? Croyez-vous en une cause infinie, personnelle, distincte du monde, créatrice ? en un être éternel, tout-puissant, tout-parfait et tout bon, source inépuisable de la vie, moteur immobile de tout mouvement, principe, loi et fin de tout ce qui existe ? Êtes-vous convaincu que tout se meut vers la vie, vers la lumière, vers l'Être ? que tout monte par une ascension continue vers le vrai, le bien, le beau, triple manifestation de l'infini, terme de nos aspirations ? Croyez-vous à l'âme et à sa survivance, au devoir et à sa sanction, à la récompense des bons, à la punition des méchants ; à cette autre vie, en un mot, à ce grand volte-face, comme dit Lacordaire, qui réparera toutes les injustices de celle-ci ?

J'ignore si telle est votre croyance ou votre conviction, et n'ai aucun moyen direct de m'en assurer. Tout ce que je sais, c'est que vous appartenez à la franc-maçonnerie, que vous étiez jadis membre de la loge le PARFAIT SILENCE, ainsi nommée probablement parce qu'elle n'était composée que d'avocats; que vous faites partie d'une association secrète qui enseigne à ses adeptes et initiés, le MATÉRIALISME et le NATURALISME; qui fait à l'idée religieuse en général, à la religion catholique en particulier, la guerre la plus ardente, la plus habile et la plus résolue (1). De votre affiliation à cette secte j'ai la preuve entre mains.

J'ignore quel est votre grade dans la maçonnerie, si vous êtes simplement maître ou chevalier-kadosch, rose-croix ou 33e ? Mais il semble naturel que parvenu au pouvoir par le moyen de cette association, vous en appliquiez les principes, les données, les décisions ou résolutions. — De là, probablement votre fameuse circulaire au Clergé à propos des élections; de là, votre animosité contre ces pauvres curés et ces suspensions de traitements dont vous êtes si prodigue!

Me trompé-je ? Je ne demande qu'à être rectifié et je publierai tous les démentis qu'il vous plaira de m'adresser à ce sujet. Mais avouez que je suis dans les données de la probabilité et dans les voies de l'analogie.

Dans mon humble opinion, le régime républicain doit donner la liberté la plus grande compatible avec l'État social. Liberté politique, liberté de presse et de parole, liberté de conscience qui comprend le culte, la propagande, l'association, tous les moyens légitimes de reprendre sa croyance ou ses convictions, sont des principes inhérents à cette forme de gouvernement. Il est vrai qu'étant la plus parfaite, elle suppose des hommes perfectionnés, des citoyens accomplis. Mais tant qu'elle existe, elle

(1) Une des dernières circulaires confidentielles du Grand-Orient d'Italie, publiée par le journal sicilien l'*Arco*, préconise la nécessité et les moyens d'arriver « au triomphe de l'humanité, de la « vérité attaquée au sein de l'humanité, contre toutes les dévia- « tions supra-mondaines produites par le malfaisant instinct des « théocraties et des religions surnaturelles, et de la plus tenace de « toutes, la religion catholique. »

n'a de principe, de raison d'être, que dans et par la liberté.

Dans cette même allocution de 1870, je traçais ainsi l'idéal de la République, j'esquissais le modèle dont elle doit se rapprocher. Permettez-moi de placer sous vos yeux le tableau raccourci de cet Eldorado politique. Là est peut-être la racine de nos dissentiments.

« Soyons honnêtes, citoyens, et nous serons de vrais républicains, des hommes libres dans toute l'énergie du mot. Sans moralité point de liberté. L'honnêteté, c'est la fleur de la vie et la délicatesse de la conscience. Sachons résister à la passion qui entraîne, comme à l'intérêt qui aveugle. Aimons la Justice pour elle-même, pour sa valeur propre et son intrinsèque beauté. Cherchons partout à la faire triompher en nous et autour de nous ; dans l'élection, par le choix des plus dignes ; dans les rapports entre patrons et ouvriers, colons et fermiers ou serviteurs, par l'équitable répartition entre le capital et le travail des fruits du labeur commun. Soyons bons, humains, charitables, désintéressés, ayons le culte du droit, du devoir, de toutes les grandes et nobles choses, et nous serons de vrais et sérieux républicains, et la République, cet idéal du gouvernement, s'affermira parmi nous, sur des fondements désormais inébranlables. Elle sera la floraison magnifique, le vigoureux épanouissement, le couronnement politique inespéré de l'honnêteté publique et privée de tous et de chacun

« Car la République, c'est le règne de la vertu, de la raison, de la droiture et de l'intégrité. C'est la somme la plus grande de bonheur pour tous, réalisée par les moyens les plus simples et les plus efficaces, les plus équitables et les moins coûteux.

« Algériens, la République apportera à l'Algérie, complètes et radicales, toutes les réformes que l'Empire avait ajournées ou repoussées. » etc. (1)

Il semble donc, Monsieur, que nous ayons de la République, deux conceptions peu concordantes. C'est là peut-être ce qui explique la divergence de nos appréciations, de nos agissements, de nos situations respectives. Vous êtes en haut, je suis en bas ; vous tenez l'ASSIETTE AU BEURRE, je fournis en quelque mesure les moyens de la remplir ; mais je puis vous assurer que je n'ai ni regret de ce que j'ai fait, ni envie quelconque de modifier ma ligne de conduite. — J'ai la conscience d'avoir toujours rempli mon devoir, pratiqué ce que je croyais bon, dit et fait ce que je pensais utile à tous, et quelquefois avec un certain courage. Cela suffit à me tenir en paix, à me ménager ce à quoi je tiens le plus, l'estime de moi-même. —Quelque peu mélancolique, solitaire et attristé de tous les spectacles honteux, de l'aplatissement continu, de toutes les dégradations morales et des avilissements répétés, dont notre époque, offre une collection assortie, je vois passer sans regret des années que j'aurais

(1) La République ou plutôt le gouvernement de Tours a conféré la naturalisation en bloc à tous les juifs d'Algérie, en maintenant les arabes à l'état de sujets. — C'est l'indignation causée parmi les arabes par cette mesure injuste et impolitique ; c'est la fureur de voir les juifs (que les arabes nomment *hal'oufs* porcs) élevés au rang de citoyens français, formant des compagnies de milice, jouant au soldat avec du *d'or* dessus, qui a été un des mobiles secrets mais certains de l'insurrection de Soukharras en 1871. La République à encore fait don gracieux à l'Algérie, d'Albert Grévy comme gouverneur général — Ce sont là, ses deux bienfaits principaux envers cette magnifique colonie, aujourd'hui absolument dominée et ruinée par les juifs.

voulu mieux employer ; et se consumer, dans l'inaction, des facultés qui auraient pu être utiles à mes semblables. Triste temps, croyez-moi, Monsieur, que celui où l'on peut définir l'honnête homme : celui qui ne réussit à rien !

Depuis mon allocution de Philippeville qui m'a attiré beaucoup d'ennuis, je ne crois pas avoir jamais dévié de la ligne politique que j'avais adoptée. Je pourrais vous montrer l'injustice de vos reproches en ce qui me concerne, en vous citant tout une chaîne d'extraits de brochures publiées depuis cette époque et jalonnant mes opinions pendant vingt ans; mais ce serait sans intérêt.

A la veille des élections générales de 1885, j'écrivais une brochure très ardente contre l'opportunisme (1), ses défaillances et ses excès. Cette brochure, il me semble, n'était ni monarchique ni réactionnaire; vous allez en juger. Permettez-moi ce court extrait :

« L'année 1885-86 est donc une époque fatidique dans les destinées de la République française.

« En face de la coalition des partis monarchiques de diverses provenances acharnés à la détruire, sous le coup des mécomptes de la politique opportuniste, des aventures coloniales, du déficit financier, de l'accroissement démesuré des impôts, de la crise agricole, industrielle et commerciale, aggravée par des tarifs d'entrée quasi prohibitifs, par cette fièvre chaude de dépenses publiques inconsidérées, de chemins de fer d'État, de palais-

(1) En voici le titre : AUX ÉLECTEURS OUVRIERS DE LA LOIRE ET DU RHÔNE. — Le *Programme démocratique radical.* — La *Réforme sociale et la question politique,* par un travailleur. Opuscule de 120 pages, publié à Saint-Étienne et à Lyon le 15 septembre 1885, p. 13.

écoles, etc.; vos suffrages vont encourager le gouvernement dans cette voie de perdition, ou lui donner un avertissement salutaire, en faisant choix de mandataires responsables, fermement résolus à contrôler sa gestion, à enrayer ses dépenses, à limiter ses folies, à substituer partout le règne de la loi à l'arbitraire des décrets, la règle commune et l'intérêt de tous aux visées égoïstes, aux fantaisies personnelles.

« Vos suffrages vont décider des destinées ultérieures de cette forme de gouvernement, souple instrument de toutes les réformes désirables, fille de notre expérience et de nos malheurs, organisme essentiel en même temps qu'abri tutélaire de la souveraineté nationale, couronnement logique, splendide et inévitable de notre état social et démocratique. »

Je concluais en disant :

« Les opportunistes s'étant usés et discrédités au pouvoir, sont démodés et impossibles; leur nocuité est démontrée. Vous ne voulez pas retourner en orrière, aux partis monarchiques, aux impossibilités et aux mécomptes d'une restauration orléaniste ou bonapartiste.

« En avant donc! Faisons un pas vers l'avenir lumineux, allons aux hommes de principes, aux convictions énergiques et fières! Allons aux amis des travailleurs, aux partisans des réformes sociales, à tous ceux qui mettent la question sociale, la situation, le progrès, le bien être des deshérités au-dessus des discussions stériles des partis, des agitations creuses de la politique pure, des compétitions et rivalités de personnes, des intrigues de coterie et des manœuvres de couloirs.

« Allons aux nouveautés nécessaires, aux progrès inéluctables, etc. » (1)

Ce ne sont pas là, vous le voyez, des opinions du moment, faites pour les besoins de la cause. Ce sont des convictions anciennes et enracinées. La République a été pour moi une marâtre ; elle m'a successivement délogé de toutes les positions que j'ai occupées, et pourtant, je n'ai pas cessé de lui être fidèle, de lui prodiguer une affection pure et désintéressée.

C'est donc, Monsieur, de votre part, une injustice et une imprudence, de venir sur le plateau de la Croix-Rousse traiter « d'ennemis de la République, prenant tous les masques et employant tous les subterfuges pour venir à bout de nos institutions », ceux qui voulaient REVISER et le PERSONNEL gouvernemental et la CONSTITUTION monarchico-parlementaire et usurpatrice de 1875, pour enraciner plus profondément, pour asseoir définitivement ce régime politique, sur la base granitique de la volonté nationale librement consultée. Munie d'un personnel nouveau et épuré ; fortifiée et légitimée par l'adhésion directe et incontestée du peuple souverain ; organisée sur des bases à la fois rationnelles et expérimentales, aujourd'hui mises hors de discussion par le splendide et probant exemple de la grande démocratie américaine, la France et la République auraient cimenté une alliance désormais indissoluble, repris le cours de leurs glorieuses et désormais inséparables destinées. *Hoc erat in votis...*

(1) Ibid, p. 119.

V.

Mais vous perdiez vos situations ; vos portefeuilles passaient à d'autres. Alors, avec une rare habileté, vous avez opéré la confusion, « pêché en eau trouble ». Vous avez dit au pays, par la voix de vos journaux, de vos circulaires, affiches et fonds secrets : « La République est en danger ! En nous attaquant, c'est la République qu'on attaque, qu'on veut renverser. On veut la dictature, la pire de toutes, celle d'un soldat indiscipliné. On prétend remplacer le Parlement par un pouvoir mal défini, le pouvoir personnel d'un chef nommé je ne sais comment, prenant un programme quelconque et menant la France je ne sais où, ou plutôt, je le sais bien. »

Vous savez bien des choses, Monsieur. Eh bien ! apprenez celle-ci : C'est que personne à la Croix-Rousse n'a mis en avant le nom du général Boulanger, sauf peut-être M. Vergoin, un de ses fidèles, que M. de Beaurepaire pourchasse, aujourd'hui qu'il n'est plus couvert par l'inviolabilité parlementaire. M. Andrieux, revisionniste convaincu, n'en a pas parlé une seule fois. Le citoyen Couturier qui a remplacé le muet Chépié, n'est pas que je sache, un boulangiste bien fervent. Votre serviteur n'en a pas parlé davantage. Nous avons parlé revision : toujours revision. Nous avons, à satiété, démontré l'origine illégitime, anti-juridique, extra démocratique de la constitution de 1875. Votée par une Assemblée en grande majorité monarchique (vous le reconnaissez), qui en a fait une sorte de pierre d'attente, de PARAVENT de la monarchie, disait Gambetta, rédigée, discutée, votée par une

Assemblée sans mandat constituant, c'est-à-dire incompétente et usurpatrice, cette pseudo-constitution, grâce à son origine illégitime, et à ses vices intrinsèques, n'a su organiser que le conflit permanent et l'anarchie des pouvoirs. Elle a autorisé ce que nous avons vu, le piétinement d ns la boue, bien plus, abrité l'orgie dans un égout, le grand égout collecteur.

Arrêtons-nous ici ! comme on dit dans le Chalet, si vous le voulez bien, — le sujet en vaut la peine. — Avez-vous assez daubé entre confrères et compères, à la salle Indienne, sur cette malechanceuse revision ! l'avez-vous assez pourfendue, criblée de traits acérés, laissée évanouie sur le carreau, puis sacrifiée et dépecée à huis-clos, loin de ses partisans et défenseurs, quand il n'y avait personne pour vous répliquer, pour la venger, pour défendre la cause de la souveraineté nationale ! Ceci m'a rappelé le festin et le chant de mort des anthropophages des îles Fidji, alors qu'ivres de sang, ils se ruent sur la victime qu'ils ont engraissée, enlèvent par lambeaux ses chairs pantelantes, se partagent son cœur et ses entrailles, et les mangent tout crus, séance tenante. — Ah ! la belle fête que celle de la salle Indienne le vendredi 20 décembre ! Ils étaient tous là, ces Frères trois-points, dignitaires des loges, fils de la veuve et vengeurs d'Hiram, les grotesques de l'Équerre et du Compas ! Quelle splendide réunion ! Quelle touchante fraternité !

Que c'est comme un bouquet de fleurs !

Et puis comme le lieu était habilement choisi ! comme ce décor indien faisait un cadre assorti aux discours prononcés ! La Trimourti brahmanique et Cakyamouny le réformateur, et la déesse Siva et le vieux Brahma, ont tressailli d'aise dans leurs ventres copieux ! Le Nirvâna indou, l'évanouissement dans l'universel indistinct, semblait planer sur cette assemblée vénérable ! J'allais dire de vénérables !

Cieux écoutez sa voix ! Terre prête l'oreille !
Ne dis plus, ô Jacob ! que ton Seigneur sommeille.

Permettez-moi de faire une CUEILLETTE dans ce discours qui a eu un légitime retentissement.

L'orateur met à l'actif de la Chambre de 1885, dont il a fait partie, dont il a été secrétaire, « la loi sur les Syndicats ». Il y a là une erreur matérielle ; la date de la promulgation de cette loi est le 21 mars 1884. « La Chambre de 1885 a fait la loi militaire. » C'est vrai, mais avant de l'en féliciter, il faudrait en voir les résultats. Cette loi a été combattue par une foule de militaires distingués, gens du métier, autrement compétents que des hommes politiques. Elle englobe dans le service et traîne à la caserne sans sursis, les élèves de l'École normale supérieure comme les séminaristes ; elle interrompt, au moment décisif, la préparation ou le cours des études spéciales. Que de temps perdu ! que de carrières entravées ou brisées ! Reste donc à savoir si ce militarisme à outrance augmentera la force réelle de la patrie, qui est aussi dans l'intelligence, dans la haute culture scientifique et morale, dans le recrutement des carrières libérales et des hautes études. L'application à peine commencée de cette loi a déjà suscité bien des réclamations, bien des récriminations. Puisse-t-elle ne pas se heurter à des impossibilités, ni aboutir à des mécomptes irréparables !

Je n'ai pas personnellement à défendre la réaction que j'ai toujours combattue. Il y a dix ans que pour ma part j'ai dit aux conservateurs : La monarchie est morte et enterrée. Personne en France, sauf quelques attardés, ne croit plus ni à la légitimité, ni au droit divin. Pas un fils de roi, depuis un siècle, n'a chez nous succédé à son père. Donc l'idée d'hérédité monarchique a disparu des esprits. Comment voulez-vous qu'elle se réalise dans les faits, les lois, les institutions, le gouvernement? Il faut en prendre son parti. La République est susceptible de devenir un gouvernement d'ordre, de raison, de justice, de liberté. Conservons-là, en l'améliorant. Entrez-y résolument, vous les conservateurs, sans arrière-pensée aucune, en y apportant le poids et l'appoint de vos situations, de vos fortunes, de votre honnêteté, de vos croyances, et vous verrez que tout se pacifiera, se régularisera, se consolidera. C'était la thèse de M. Thiers. C'est là depuis longtemps chez nous, une conviction inébranlable, publiquement manifestée.

Nous avons applaudi à la tentative de Raoul Duval, comme à la conversion et au *mea culpa* tardif de Challemel-Lacour. Nous avons applaudi aux INSTRUCTIONS du Comte de Paris, reconnaissant la nécessité pour la monarchie traditionnelle de se retremper dans le baptême, dans les eaux vivifiantes de la souveraineté nationale. Les bonapartistes ayant toujours invoqué le principe de l'appel au peuple, quoique sous la forme plébiscitaire, il suit que tout le monde est aujourd'hui d'accord sur le « principe fondamental de la souveraineté nationale » Les intransigeants sont des inconséquents ; les monarchistes, des retardataires et des obstinés, dont la fidélité sans objet, et le culte sans espoir ne s'expliquent plus que par des souvenirs, des attitudes, la reconnaissance des bienfaits reçus, des déceptions ou des regrets passés en habitude, consolidés par l'âge, devenus indélébiles par l'ankylose cérébrale. Sachez ne pas être des conservateurs-BORNES. Toutes ces forces conservatrices qui se tiennent à l'écart, tous ces descendants de noble race qui boudent ; tous ces preux qui chevauchent leurs rêves du passé, réalisent des défaillances, laissent des vides infiniment regrettables dans l'armée républicaine conservatrice. Ce ne sont ni les réfractaires, ni les déserteurs qui gagnent les batailles à l'intérieur comme à l'extérieur, qui rendent l'armée solide, active, résistante et la patrie invulnérable !

Je le dis avec une conviction profonde : si tous ces descendants de nobles familles, si tous ces croyants, si tous ces fils de France, convertis par les enseignements de l'histoire et les nécessités de l'évolution, étaient entrés résolument dans le mouvement actuel, s'ils s'étaient insérés dans la trame des réalités démocratiques, ils auraient singulièrement modifié et redressé le cours des événements. Au lieu de laisser les francs-maçons, les libres-penseurs, les sous-vétérinaires, les fanatiques d'irréligion, les sectaires de tout acabit, mettre la main sur le pouvoir, en user toutes les forces, en gaspiller toutes les ressources, en fausser tous les ressorts, ils seraient aujourd'hui à la tête du mouvement qui nous emporte vers un avenir meilleur, les chefs et les inspirateurs d'une démocratie chrétienne, laborieuse, pacifique, organisée dans la justice, l'ordre, la liberté, le respect des croyances. Le poète n'aurait pu les flageller de ces vers :

> Ces vieillards décrépits, dans leur antique ornière,
> Au wagon du progrès, attachés par derrière.

Le clergé a été pour beaucoup dans cette méconnaissance des réalités, dans cette orientation vers un passé à jamais disparu, dans cet esprit de réaction et d'obstination inintelligente, dans ces préjugés surannés d'ancien régime. L'école traditionnaliste exclusive ou ultramontaine nous a été funeste sous tous les rapports. Elle a jeté le clergé français hors de ses voies normales ; elle l'a rendu politiquement intolérant, opiniâtre, exclusif. Elle a provoqué et cimenté cette alliance du « trône et de l'autel » qui a été si funeste à la restauration et à la religion, qui a fait de la monarchie un culte et de la religion un parti politique. En faisant descendre la religion de la sphère des choses éternelles pour la mêler aux contingences d'ici-bas, pour l'abaisser aux passions des partis, aux luttes de la tribune, aux compétitions de portefeuilles, aux intrigues et rivalités politiques, elle l'a exposée à toutes les haines, à toutes les vicissitudes, à toutes les représailles dont sont l'objet et la possession du pouvoir et les hommes du gouvernement, dans la phase d'instabilité et d'organisation que nous traversons. Toutes les révolutions qui ont jeté à bas un trône, ont paru atteindre la religion, ont atteint et frappé le clergé. C'est parce qu'il a été l'inspirateur secret et réel de toutes les mesures anti-libérales, de toutes les réactions et compressions, qu'aujourd'hui on lui conteste ses droits de citoyen ; qu'on le déloge de toutes ses positions ; qu'on réprime durement, implacablement toute apparence d'immixtion dans le domaine de la politique. En voulant être dominateur, il est devenu victime.

Cette mésintelligence qui va grandissant, ce dissentiment qui se tourne en antagonisme, en hostilité ouverte, en persécution résolue et systématique, ne prendront fin que par le divorce des deux conjoints, ou plutôt par la séparation de corps et de biens, qui ne saurait tarder.

Nous l'écrivions il y a cinq ans, comme nous l'avons dit en 1869, dans une brochure publiée sous ce titre : *Le bout de l'oreille de l'ultramontanisme.*

« Pour nous, la SÉPARATION DE L'ÉTAT ET DES ÉGLISES est dans la donnée de l'époque, dans la direction des événements contemporains, dans le courant de l'opinion et des idées modernes. — L'ÉGLISE LIBRE DANS L'ÉTAT LIBRE est une de ces formules qui entrent dans l'âme d'un peuple et qui portent en elle une révolution. — Avant la fin du siècle, cette séparation s'imposera comme une nécessité, apparaîtra à l'Église elle-même comme une délivrance. — Nous sommes dès longtemps convaincus que l'Église devenue par la fatalité des événements, l'alliée des gouvernements absolus, la complice de toutes les réactions, bien que ses principes aillent droit à l'égalité, à la fraternité, à l'affranchissement des peuples, du jour où elle sera séparée de l'État, enracinera de ses propres mains la liberté dans le monde. — N'ayant plus rien à attendre du pouvoir, mais tout à recevoir des citoyens, le clergé abdiquera ses vieux préjugés, renoncera à de détestables errements et, par nécessité, s'engagera dans les voies des revendications libérales, du droit commun et égalitaire, son unique sauvegarde. Oui le clergé cherchera un refuge, s'abritera sous les arbres de la liberté qu'il bénissait en 1848. » (1)

N'est-ce pas le spectacle que nous voyons déjà ! Les ultramontains eux-mêmes forcés de faire appel au droit commun, à ces libertés nécessaires, qu'ils ont tant bafouées, couvertes d'anathèmes répétés !

(1) La *Réforme sociale et la question politique*, p. 103.

VI.

Cette digression, était peut-être nécessaire, Monsieur, pour vous prouver que vous n'avez pas affaire à un réactionnaire ; que le candidat REVISIONNISTE de la cinquième circonscription, avait le droit de se dire RÉPUBLICAIN INDÉPENDANT ; qu'il n'était ni CLÉRICAL bien que RELIGIEUX, ni bonapartiste ou monarchiste, bien qu'il combattit le personnel gouvernemental et les détestables errements des détenteurs du pouvoir.

Ceci dit, je reviens à votre discours et je veux m'efforcer d'abréger. Je laisse de côté les plaisanteries d'un goût douteux auxquelles vous vous livrez sur le compte du général Boulanger, « cet unique mi-« nistre de la République condamné pour concus-« sion, qui pendant dix-sept mois, s'était PRÉLASSÉ « AU POUVOIR. — (Et vous ?) — Employant les fonds du « trésor de guerre à entretenir une popularité de « mauvais aloi, caressant une certaine presse, et « s'occupant de bien d'autres choses encore ». (Rires et applaudissements).

Je n'ai pas, je le répète, à défendre le général Boulanger. Mais vraiment vous m'en donneriez la tentation. J'ai protesté à l'occasion de la venue ici de M. Trarieux, sénateur, membre et assesseur présidentiel de la Haute-Cour, contre cette juridiction politique, instituée, érigée contre un adversaire politique et que j'ai qualifiée de « sinistre parodie de la justice et dérision du droit ». Ancien magistrat, disais-je, et avocat, je suis ennemi par principe et par profession de toute juridiction d'exception. Je pense que vous même, quand vous étiez simplement avocat et notre confrère, vous ne jugiez pas différemment, et que vous avez dû souvent vous élever avec éloquence contre les commissions mixtes, les Chambres de justice et autres inventions des pouvoirs despotiques.

Boulanger a été le seul ministre condamné pour concussion ! c'est vrai ; et Wilson, ne l'a pas été ! et vous oubliez que M. Bouchez, un protégé de M. Grévy, a refusé de signer le réquisitoire qu'a signé M. de Beaurepaire. — « Il a employé les fonds du trésor de guerre à entretenir une popularité de mauvais aloi ». Et le *quitus*, dont il a justifié ? et les allocations pour renseignements sur la frontière de l'Est ! et les divulgations de M. de Mondion ? Voyez-vous, tout cela a laissé quelques doutes chez les gens de justice, pour qui la raison d'état ne couvre pas tout. Je vous ai entendu discuter certain arrêt de cassation, comme exagéré, insolite, contraire à la jurisprudence antérieure. Il me sera bien permis aussi de faire quelques réserves sur L'ARRÊT POLITIQUE de la Haute-Cour. « Je suis trop son ennemi pour le juger », disait un libéral, M. L. Renault, esprit modéré et équitable. Voilà le mot de la situation.

« Quant à se prélasser au pouvoir pendant dix-sept mois », il n'est pas loisible à chacun d'en faire autant, c'est vrai, par ce temps d'instabilité ministérielle ; puis, je persiste à croire qu'étant au pouvoir, Boulanger ne s'est pas « uniquement prélassé », mais qu'il a fait quelque chose... Quant à « caresser une certaine presse », les méchants prétendent que tous les ministres en font autant et que votre collègue de l'Intérieur ne s'en prive pas. Mais je ne suis pas dans le secret des dieux et n'ai pas mission de contrôler l'emploi des « fonds secrets », que certains journalistes appellent ironiquement « fonds des reptiles. »

Donc, quand vous vous écriez : « Voilà l'œuvre entreprise ! Un César de rencontre qu'on essayait de jeter dans le plateau de la balance et avec lequel on allait essayer d'étrangler la République ! » Tout cela c'est de l'imagination, de la fantaisie oratoire, des hypothèses gratuites, en ce qui nous concerne du moins ! *Verba et voces, practerea que nihil.*

Le général Boulanger, que Paris acclamait par 245,000 voix, à qui la France avait donné, dans des départements très différents de situation et d'esprit, plus d'un million de voix, avait paru à beaucoup, à raison de cette magnifique popularité, pouvoir être un « moyen » de modifier le cours des choses, de réformer le personnel gouvernemental, de reviser la Constitution illégitime et défectueuse de 1875 ; mais je ne pense pas que personne, sauf peut-être ses amis intimes, ait jamais pensé à en faire un César, un dictateur, un faiseur de coup d'État et un fondateur de dynastie. Il aurait fallu être fou pour avoir de telles pensées. Ce n'est pas, en tout cas, dans la cervelle de républicains, même revisionnistes, ennemis par principe du pouvoir personnel, qu'ont pu germer de telles visées, ni se loger de pareilles aberrations.

Dans tous les cas, vous avouez qu'il vous a donné une « frousse » terrible !

« Vous avez tressailli comme moi, dites-vous, à la nouvelle de cette élection du 27 janvier, qui proclamait à Paris le nom de ce César. »

Si c'eut été simplement un « Saint-Arnaud de café-concert » comme disait Ferry-le-Poltron, qui ne voulut pas rendre raison de cette injure au général, vous n'auriez pas ainsi « tressailli », parlé du « péril de la République ».

Si c'est là « une porte basse par laquelle la réaction fut rentrée au pouvoir », par quelle porte, s'il vous plaît, y êtes vous donc entrés, vous autres ? Si la voie régulière et légale de l'élection, si la volonté et le choix librement et nettement exprimés du suffrage universel sont une « porte basse », celle par laquelle vous avez passé est-elle donc beaucoup plus haute ? Est-ce une « porte royale », que celle des sociétés secrètes et des influences souterraines, inavouables et inavouées ?

« Nous assistons », dites-vous, « à un réveil ! Tous les bons citoyens de ce pays, tous ceux qui ont à cœur l'honneur de la France, tout le parti républicain s'est réveillé comme en 77 ! » — Vous savez comment on l'a réveillé ; votre collègue, M. Constans, a dû vous l'apprendre. Vous savez les moyens employés, les menaces, les intimidations, les fonds secrets, la pression officielle à haute dose. Vous savez que, si du chiffre obtenu par vos candidats on retranche cinq cent mille fonctionnaires au moins (d'aucuns disent 800,000), vous êtes en minorité dûment constatée, car l'écart des voix a été en totalité de 300,000 environ... Ne parlez donc pas de réveil, mais plutôt d'assoupissement prolongé, de léthargie incurable, obtenus par les narcotiques et les stupéfiants à dose toxique. Ne parlons pas de corde dans la maison d'un pendu, cela paraîtrait d'un goût douteux.

Vous n'avez pas assez de sarcasme pour « ceux qui veulent restaurer en France le gouvernement des honnêtes gens ». Il faudrait, dites-vous, « feuilleter leur annuaire, à ces honnêtes gens ! Ce n'est pas un livre d'or ! » Assurément ils ont moins d'or que les Juifs, les antiques adorateurs du veau d'or. Mais vous me permettrez de croire qu'en voulant remettre l'ordre dans les finances, clore l'ère des déficits que vous avez installés à poste fixe dans nos budgets, fermer à jamais, au lieu de l'ouvrir et de l'allonger indéfiniment, le grand-livre de la dette publique (1); qu'en voulant arrêter les laïcisations, les suspensions de traitement des curés et desservants, faire cesser la guerre religieuse et rendre la paix aux consciences, prévenir ou réprimer les accaparements monstrueux, l'exploitation financière de l'épargne des petits, « l'escroquerie à la société » comme disent les juristes, etc., etc., en faisant tout cela, ils auraient fait œuvre utile, profitable au pays; qu'ils auraient fait renaître sa prospérité, restauré sa grandeur, « assuré le respect de l'autorité et refait le principe du gouvernement », suivant votre langage.

Ah! vous n'êtes pas généreux, Monsieur le député, vous n'avez pas le triomphe modeste! Vous êtes dur et injuste pour ceux qui ne partagent pas vos idées de gouvernement! Vous perpétuez en pleine paix les ardeurs de la lutte électorale; vos TRESSAILLEMENTS continuent, — le ministre ne sait pas oublier les anxiétés du candidat.

---

(1) Suivant M. Amagat, les dépenses réelles qui, d'après le budget apparent de 1890 sont de 3 milliards 50 millions, seraient en réalité, sans compter les inévitables crédits supplémentaires, de 3 milliards 505 millions; or, le *maximum de nos recettes* n'aurait jamais atteint 3 milliards! D'où un déficit de 505 millions au moins, sans compter les crédits supplémentaires qui viendront s'ajouter à ce passif!

VII.

« J'en arrive, dites-vous, à la question DE LA REVISION. »

Vous commencez ainsi dans une langue élégante : « il s'agit aujourd'hui de nous placer en face du raisonnement de nos adversaires. »

Comment peut-on bien « se placer en face d'un raisonnement ? » — Un raisonnement c'est une déduction ou une induction, une argumentation, une suite d'idées, une chose immatérielle. — Comment se « placer en face » d'une chose immatérielle sans la matérialiser ? Un raisonnement, on le suit, on l'étudie, on l'analyse, on le réfute, on y acquiesce ; ceci est de même nature. — C'est une métaphore direz-vous ! Soit, mais avouez qu'elle n'est pas heureuse ! Jadis les ministres et même les députés, qui sont aussi des « sommités, » nous avaient habitués à un autre langage. Jules Favre, bien que gone de Lyon, était de l'Académie française. Émile Ollivier, du Midi, du pays de Tartarin, ou plus bas, en est également. On peut être ministre et, sinon élégant, du moins correct.

« Cette revision, le parti républicain, le premier, en avait parlé. Il avait admis sans difficulté qu'on pouvait un jour examiner la constitution de 75 et voir les réformes à y apporter. »

Ah oui ! la revision à la mode Ferro-Floquettiste, par le congrès des deux chambres, délibérant sur un projet limité, strictement défini. — Celle-là seule est la bonne, la vraie ! Nous savons ce qu'elle a produit cette excellente personne : la translation de l'assemblée de Versailles à Paris, la suppression des prières publiques à l'ouverture des chambres ; la défense de mettre en discussion le régime républicain ; l'inéligibilité à la présidence de la République des membres des familles ayant régné sur la France ; la suppression des sénateurs inamovibles, et voilà tout. Ces grandes et fondamentales réformes ont à coup sûr, singulièrement perfectionné cette constitution monarchico-parlementaire de 1875, cette base de la République fondue, comme vous le dites (ou plutôt fondée, ceci doit être une coquille) par ceux-là même qui cherchaient à détruire ce mode de gouvernement. »

Cet aveu seul, aurait pu vous suggérer quelques scrupules, sur l'excellence de cette constitution acceptée de mauvaise grâce, comme un pis-aller, adoptée par cet unique motif, que ses auteurs « ne voyaient pas de gouvernement possible en dehors de celui-là. » On subissait à regret cette nécessité du moment, on ne cherchait pas à faire œuvre viable, définitive, et certes on a réussi dans cette entreprise ambiguë et sans sincérité.

Vous voulez bien reconnaître « que la forme de cette constitution est perfectible », qu'on ne peut point dire « qu'elle contienne en germe tous les progrès » ; c'est aussi ce que disent les revisionnistes qui voudraient la perfectionner, surtout la redresser, l'enraciner en la fondant sur le roc inébranlable de la volonté nationale, de l'acclamation constatée de tout un peuple. Ils voudraient non seulement qu'elle fût « conçue dans un sens républicain » mais qu'elle organisât la République sur des bases avouées par le droit, légitimées par la science et l'expérience. Puisqu'elle ne « contient pas en germe tous les progrès », ils auraient désiré qu'on les y insérât, que profitant de toutes les lumières acquises, de toutes les expériences réalisées, on laissât de côté l'imagination et l'utopie, pour munir la démocratie française d'un instrument éprouvé, d'un outillage politique indispensable, qui lui permît de se débarrasser de *la centralisation et de tous les reliquats d'ancien régime*, de s'avancer pacifiquement dans les voies de son développement normal, de s'organiser dans la justice, le progrès pacifique et la liberté !

Ce n'est pas en perpétuant cette fondamentale iniquité, d'une constitution imposée au pays, sans le consulter, par une Assemblée sans mandat, dès lors usurpatrice et tyrannique, qu'on arrivera à ce résultat si impatiemment désiré. Le mode de revision limitée et modérée que vous préconisez, ne fait que perpétuer cette injustice, réparer cet édifice chancelant, boucher les lézardes, éterniser ce provisoire. « Le temps, a dit un grand esprit, n'ajoute rien à l'injustice que la durée : il ne diminue pas la dette, il l'accroît. »

Depuis un siècle la France oscille entre le despotisme et l'anarchie, impuissante à se fixer dans un milieu de liberté sage, pur de tout excès.

La raison en est, selon nous, qu'elle n'est jamais consultée sur les multiples constitutions, que les pouvoirs de toute origine jugent à propos de lui appliquer. Sous le régime de la souveraineté du peuple, toute loi fondamentale, qui n'est pas librement votée et acceptée par le peuple souverain, est en soi illégitime et nulle. L'organisation des trois grands pouvoirs publics, la forme du gouvernement, le régime politique à adopter, sont les objets directs, immédiats, essentiels de la souveraineté. Comment un peuple pourrait-il s'attacher à une constitution qui lui tombe un beau matin, comme le soliveau des grenouilles ? Il peut la subir pour un temps, par

amour de la paix ; mais cette violation essentielle de sa souveraineté, se manifeste tôt ou tard, par la fragilité même de l'édifice politique, que lui ont construit, sans son aveu, des architectes sans pouvoir et des législateurs sans mandat. Toutes les usurpations sont précaires. Le droit méconnu a des revanches qui, pour être tardives, n'en sont que plus éclatantes. L'anarchie ou le despotisme sont des réactions exagérées contre les orgies de l'arbitraire. « Jamais un peuple, dit B. Constant, ne se détache « de ce qui est véritablement la liberté. » Un édifice construit sur des fondements ruineux, ou sur le sable mouvant, ne saurait tenir longtemps contre les agitations fécondes d'une démocratie souveraine.

Cette thèse n'est pas une nouveauté ; les républicains conscients et conséquents, entr'autres Gambetta, les plus éminents publicistes, l'ont professée et défendue. La puissante et admirable démocratie américaine, en est la vivante incarnation, la démonstration par le fait.

« Dans une société fondée sur la souveraineté du peuple, dit B. Constant, il est certain qu'il n'appartient à aucun individu, à aucune classe, de soumettre le reste à sa volonté particulière. L'universalité des citoyens est le souverain dans ce sens que nul individu, nulle fraction, nulle association partielle ne peut s'arroger la souveraineté si elle ne lui a pas été déléguée.

« Le système des principes offre seul un repos durable ; seul il présente aux agitations politiques un inexpugnable rempart. En raison de ce que les principes s'établissent, les fureurs s'apaisent ; lorsqu'ils ont triomphé, la paix règne » (1).

(1) B. Constant, *Œuvres politiques*, p. 4 et *passim*.

Gambetta, l'un des pères de la République actuelle, l'inventeur et le leader de l'opportunisme, un vibrant patriotisme dans un beau talent et un grand caractère, déniait résolument à cette Assemblée de 1871, qui a fait la Constitution de 1875, tout pouvoir constituant :

« Nous sommes obligés de protester de nouveau et de repousser l'exercice du pouvoir constituant qui a été attribué à l'Assemblée. On a pu, ne tenant pas compte du vote du 31 août 1871, ni de tant d'élections répétées, ni de la volonté clairement manifestée des commettants contre la prolongation des pouvoirs de l'Assemblée, fouler aux pieds tout cela, reconnaître non-seulement le droit qu'elle a de constituer le pouvoir exécutif, mais encore de créer l'organisme de l'État tout entier sans même qu'on veuille déclarer que le pouvoir constituant de l'Assemblée sera épuisé après qu'il en aura été fait pareille application !

« Nous ne pouvons comprendre ce que c'est que l'organisation d'une République qui « n'a d'autre programme que de refouler la démocratie », qui ne comprend d'autres institutions que des institutions monarchiques, qui ne veut pas faire à l'esprit républicain les concessions sans lesquelles cette république n'est purement et simplement qu'une mise en œuvre des abus du passé, c'est pour cela que nous ne voudrions pas d'une république en dehors de cette souveraineté du suffrage universel, que vous avez appelée bien dédaigneusement la souveraineté, la brutalité du nombre et que vous considérez presque comme une abjecte tyrannie..... Nous voulons la République avec ses libertés, avec ses droits primordiaux de presse, de réunion, d'association, mis au-dessus des lois elles-mêmes (interruptions). — Si la République existait, si elle était aux mains des républicains, vous auriez tous un intérêt primordial à ce que ces droits fussent placés au-dessus des atteintes du législateur, à ce qu'ils fussent placés dans une sphère inaccessible aux entreprises des assemblées et des pouvoirs exécutifs. — Voilà pourquoi ni au point de vue des principes, ni au point de vue de la souveraineté nationale, que vous ne pouvez pas pour ainsi dire confisquer par avance, nous refusons de nous prêter à aucune des dispositions qui vous sont soumises par la commission des Trente. »

Le 19 mai 1873, M. Peyrat, président de l'Union républicaine, déposait une protestation signée d'un grand nombre de députés et précédée de la protestation suivante :

« Considérant qu'aucune assemblée élue n'a le droit d'exercer le pouvoir constituant qu'en vertu d'un *mandat spécial, nettement défini, indiscutable.*

« Considérant qu'aucun mandat de ce genre n'a été donné à l'Assemblée actuelle, que même dans le cas où, ce que nous sommes loin d'admettre, il y aurait doute, ce doute ne saurait être levé que par un appel aux électeurs pour la nomination d'une assemblée nouvelle, etc. »

Enfin, le 2 juillet 1873, Gambetta, répondant à la proposition de M. Dufaure sur la mise à l'ordre du jour d'un projet de loi relatif à l'organisation des pouvoirs publics, s'écriait :

« Nous ne voulons, ni de près ni de loin, vous tailler une besogne constitutionnelle et nous associer à ce que nous considérons comme une usurpation contre les droits de la France. »

Il faut lire à ce sujet les remarquables travaux de M. Laboulaye, qui a occupé pendant vingt ans la chaire de droit constitutionnel et de législation comparée au Collège de France. Son *Histoire des États-Unis*; son volume intitulé : *Questions constitutionnelles*, sont des œuvres de haute valeur, marquées au coin d'une érudition, d'une pénétration, d'une sagacité remarquables. L'éminent publiciste, qui est aussi un écrivain d'une netteté incomparable, s'exprime ainsi au sujet du « pouvoir constituant » et des prétentions de l'Assemblée de 1871 :

« Mais que l'Assemblée ou qu'un Comité rédige la Constitution, je ne puis admettre que cet acte soit valable, s'il n'est pas soumis à la sanction du pays. Dans une république, c'est-à-dire dans un gouvernement qui repose sur la souveraineté du peuple, la ratification de la charte nationale est une de ces lois fondamentales que personne ne peut éluder impunément.

« Aux États-Unis, sont en général électeurs les citoyens mâles, majeurs de 21 ans, inscrits au rôle de la milice ou à celui des contributions. Je signale cette différence entre les idées américaines et les idées françaises. Je ne connais pas aux États-Unis un seul publiciste qui fasse de l'électorat, un droit naturel, un droit que le législateur ne puisse modifier. Pour les Américains comme pour les Anglais, l'électorat est une fonction que la loi règle au mieux des intérêts de la communauté, et cette fonction a des limites, comme toutes les fonctions.....

« Ce corps électoral qui n'est pas la foule, mais le peuple, élit en chaque état deux chambres et un magistrat chargé du pouvoir exécutif : mais il ne leur délègue pas la souveraineté; il leur confie simplement certaines attributions, nettement réglées par la Constitution. Tout pouvoir qui n'est pas délégué au gouvernement en termes exprès et formels, appartient au peuple et ne peut appartenir qu'à lui. Tandis qu'en France la souveraineté populaire est un pouvoir endormi, qui ne s'éveille qu'en temps de crise, et ne se manifeste que par une éruption, comme un volcan, en Amérique, la souveraineté populaire est toujours debout, toujours vigilante ; elle seule a le droit de résoudre les difficultés constitutionnelles. C'est faute d'avoir compris cette permanence de la souveraineté dans les mains du peuple, qu'en France on a toujours livré les droits de la nation et la nation elle-même aux usurpations des assemblées.

« Toute notre théorie du pouvoir constituant, dit encore Laboulaye, repose sur une erreur et un sophisme. L'erreur, c'est la délégation de la souveraineté : la souveraineté ne se délègue pas. Le sophisme, c'est l'identité du peuple et des représentants, la confusion du mandataire et du mandant. Nous aurons beau faire des discours pompeux et « crier que le monde a les yeux sur nous, cette con« ception du pouvoir constituant n'en est pas moins la négation même de la souveraineté du peuple. Pour les partis, c'est le moyen infaillible de se jouer de la volonté nationale et de soumettre le pays au despotisme d'une minorité.

« De cette double erreur, comme d'une source empoisonnée, sortent toutes nos fautes et toutes nos misères.

« Les constituants étant considérés comme le peuple même, en vertu de la délégation qu'ils ont reçue, et le peuple étant l'origine de tout pouvoir, nos politiques en concluent que l'Assemblée possède tous les droits de souveraineté, et suivant eux, (ce qui est encore une erreur révolutionnaire), ces droits sont illimités. L'autorité de l'Assemblée est donc absolue. Vie, liberté, propriété, religion, tout est entre les mains de cet abrégé de la nation. En d'autres termes, c'est au despotisme que nous nous en remettons du soin de fonder la liberté. Il faut toute la force de l'habitude pour nous aveugler sur la fausseté et le danger d'une pareille invention.

« A cette Assemblée déjà armée d'un pouvoir formidable, on remet le gouvernement tout entier. La première garantie de la liberté, la *séparation des pouvoirs*, disparait. C'est toujours une suite de la même erreur. On suppose qu'en l'absence d'une Constitution, le peuple gouverne par lui-même, et l'Assemblée représente le peuple. C'est la fiction même sur laquelle les Césars édifièrent leur tyrannie, etc.

« En vertu du même sophisme, l'Assemblée après avoir achevé son œuvre, ne la soumet pas au vote populaire. Le mandataire s'attribue le droit de lier son commettant sans lui demander son aveu. Pour un américain, il ya là une usurpation de la souveraineté, un crime de lèse-majesté nationale. Un français qui appartient à l'école révolutionnaire, ne voit dans cet étrange procédé, que la conséquence logique de l'hypothèse, plus que téméraire, qui identifie le représentant et le représenté. — Pourquoi consulter le peuple? C'est lui qui a parlé par la bouche de ses députés, etc. (1) »

Vous, Monsieur, partisan de la revision limitée et

---

(1) Ed. Laboulaye: *Questions constitutionnelles.* — Du *pouvoir constituant*, p. 398 et suiv.

anodine, à la mode Ferro-Floquetti-te, contesteriez-vous le « droit même de revision ? » le droit imprescriptible qu'a le peuple souverain de reviser, où, quand, comment il lui plait, la constitution sous laquelle il vit ; soit qu'il l'ait votée et approuvée ; soit qu'elle lui ait été imposée par des mandataires incompétents et qu'il paraisse s'y être résigné ?

Cette opinion parait être la vôtre, bien que je n'ose pas, tellement elle est monstrueuse, vous l'attribuer, vous l'imputer. Je la qualifie de monstrueuse, parce qu'elle a contre elle tous nos publicistes, et nos législateurs les plus autorisés, Rousseau et Sieyès, Chapelier, Tronchet et même Robespierre, Malouet, Lafayette, Barnave, Thouret, la *Constituante*, la *Législative* et la *Convention*, etc., etc. Vous dites en effet ! « Cette revision, le parti républicain le premier en avait parlé. » — Oui, mais par la bouche de Gambetta, de Peyrat, de Louis Blanc, etc., il voulait une constituante, c'est-à-dire une assemblée de mandataires investis du mandat explicite, formel, de préparer, de rédiger un projet de constitution, qui devait ensuite être soumis au peuple, voté par lui dans ses comices.

Il n'est, je crois, pas exact de dire, comme vous le faites : « Il avait admis sans difficulté qu'on pourrait un jour examiner la Constitution de 1875 et voir les réformes à y apporter ». Le parti républicain, par la voix de ses chefs, de ses orateurs, de ses présidents, a toujours contesté à l'Assemblée de 1871 le droit de rédiger une Constitution. Le dissentiment portait, non sur la forme quelconque de cette Constitution, sur son « contenu », pour ainsi dire, mais sur le droit même de l'Assemblée à constituer sans être munie d'un mandat exprès.

Je vous ai cité longuement l'opinion de Gambetta, consignée au *Journal officiel* ; Gambetta repoussait la proposition de M. Dufaure sur la mise à l'ordre du jour d'un projet de loi relatif « à l'organisation des pouvoirs publics » par ces mots typiques : « Nous ne voulons, ni de près ni de loin, vous tailler une besogne constitutionnelle, et nous associer à ce que nous considérons comme une usurpation contre les droits de la France. » Est-ce péremptoire? Voilà comment les chefs du parti républicain admettaient qu'on pût un jour examiner la Constitution de 1875! Ils déniaient à l'Assemblée le droit même de la préparer, de la rédiger, à plus forte raison celui de la voter, de la mettre en exercice, d'y apporter des retouches ou des adjonctions.

Pour vous, la revision que nous avons réclamée et proclamée n'a été que le moyen « d'essayer de piper des voix républicaines. Alors on voit le parti des coalisés s'écrier : Nous voulons reviser! ce qui, en bon français, veut dire : Nous voulons détruire la République. »

Toujours le système des imputations gratuites, des contre-vérités; on impute à l'adversaire telle opinion absurde, monstrueuse, puis on en triomphe aisément.

Ceci me rappelle ce curé qui argumentait contre son tricorne, censé représenter les incrédules, les hérétiques, les athées..... et qui n'avait pas de peine à réfuter victorieusement les arguments qu'il leur prêtait. Puis le prédicateur, triomphant d'avoir réduit au silence ses adversaires figurés..., s'écriait éloquemment : « Vous ne dites rien, vous ne répondez pas, donc vous êtes convaincus d'avoir tort. Votre silence prouve votre défaite; mes arguments vous ont accablés! »

Vous poursuivez : « Car que veulent-ils reviser? Les uns veulent supprimer la présidence de la République (absolument comme M. Grévy en 1849). — « Ah ! le moment est bien choisi ! Alors que le premier magistrat vient d'ouvrir (pardon ! de fermer) l'Exposition, au milieu d'un peuple enthousiaste, etc., etc. », suit un éloge bien senti de M. Carnot, vous savez, celui qui loge à l'Élysée ! qui est si raide, si gourmé, si correct, si glacial, si pommadé qu'on dirait un croque-mort, un mannequin articulé, quelque chose comme un extrait du musée Grévin. (1)

« Il y en a d'autres qui veulent supprimer le Sénat. Le Sénat, pourquoi l'ATTAQUE-T ON TANT ? » (Remarquez l'harmonie de ce langage, cela rappelle le : *Justice enfin rendue que ne t a-t-on ?* « Parce que la majorité est républicaine ; parce qu'il a condamné un soldat rebelle. » Ah oui ! celui qui a parlé de RÉPUBLIQUE OUVERTE, créé le parti national, qui a recueilli un million quarante mille suffrages dans les élections diverses et deux cent quarante-cinq mille à Paris seul, LA VILLE LUMIÈRE, comme disait le GRANDISSONNANT Hugo ! s'il était rebelle, celui-là, ce n'était peut-être pas à la France !

« Et en fait, ajoutez-vous, on peut discuter sur les *attributs* (pardon ! ce sont les *attributions* qu'il faudrait dire) du Sénat ; sur le rôle des deux chambres, leurs prétentions et leurs droits ; mais TOUT CELA PEUT SE FAIRE SANS UNE REVISION DE LA CONSTITUTION. »

---

(1) Je ne parle que de l'extérieur, du physique, bien entendu. Un acte d'honnêteté méritoire et reconnu, a porté M. Carnot à la Présidence de la République. Wilson, par comparaison, l'a fait élire.

C'est une ombre au tableau, qui lui donne du lustre.

Voilà le grand mot lâché ! Toutes les réformes sont possibles, par le petit procédé inoffensif, consigné dans l'article 8 de cette loi du 25 février 1875, procédé qui consiste à *faire reviser* non par le peuple souverain et tenu à l'écart, mais par ses députés et sénateurs qui n'ont jamais eu l'ombre d'un mandat à cet effet ; dont la présence seule et la réunion en Congrès est une permanente violation du droit démocratique essentiel, une consécration renouvelée de cette fondamentale usurpation qui a nom la constitution de 1875 ! Faire reviser la loi, par ceux qui en profitent, qui s'y abritent, qui lui doivent leur situation, leur influence, leurs émoluments !... Ah le bon billet qu'a La Châtre !

Vous voulez bien nous apprendre ici : « Que cette suppression du Sénat, il y a longtemps que vous la combattez ; que les événements qui viennent de se passer prouvent que vous n'avez pas tort, en même temps qu'ils démontrent la nécessité de ce Sénat. »

Très bien, citoyen. Nous aussi nous pourrions dire, comparant les petites choses aux grandes :

Sic parvis, componere magna solebam.

Que nous avons aussi dans une sphère moins éclatante, soutenu la nécessité d'une seconde Chambre, en même temps que la nécessité d'une modification dans son recrutement et son fonctionnement actuels. Mais nous nous gardons de nous attribuer en quoi que ce soit le mérite de son maintien, ni la gloire de sa survivance. — Peut-être cependant les raisons qui nous persuadent, ne sont-elles pas identiques à celles que vous invoquez. Ce sont précisément les « événements qui viennent de se passer », événements auxquels vous avez pris une part si considérable et si remarquée (1), *Quorum pars magna fuisti*, qui nous ont convaincu de la nécessité de modifier la composition et le recrutement d'une assemblée aussi malléable au pouvoir : qui loin d'être une garantie, un rempart pour les libertés publiques, comme le Sénat américain, est un moyen de les mettre en échec ; qui se transforme si aisément en cette chose « qui n'a de nom dans aucune langue » et surtout dans la langue du droit ; que j'ai irrévérencieusement qualifiée « de sinistre parodie de la justice et dérision du droit. »

Je persiste à croire qu'une seconde chambre est un organe nécessaire à l'élaboration de lois sages, équitables, pondérées. Elle représente l'expérience, la maturité, la réflexion, la « volonté du lendemain. » Elle corrige les erreurs, les vivacités des élus immédiats du suffrage universel, qui sous le coup d'événements inattendus, d'atteintes à la dignité nationale, à l'honneur ou aux droits de l'un d'entre eux, dans l'émotion suscitée par une bouche éloquente, par un discours retentissant, peuvent se laisser entraîner à des extrémités regrettables, à des résolutions subites et violentes, à des représailles injustes et passionnées. — Mais le Sénat dont nous jouissons, nous a trop appris qu'il ne sait s'opposer à rien ; qu'après un semblant de résistance, il cède et fléchit toujours ; que même en matière budgétaire il ne sait guère qu'enregistrer et sanctionner les volontés les plus fantaisistes des élus du suffrage universel.

Vous avez vos raisons pour trouver ce sénat excellent, digne de tout éloge, comparable au sénat de Rome, à celui de Washington, à la chambre des

(1) La loi sur la procédure de la Haute-Cour en particulier.

lords d'Angleterre ; — vous permettrez bien qu'on en puisse avoir d'autres pour le juger différemment

Qui se dispenseront de se soumettre aux vôtres.

— Je poursuis fidèlement l'exposé et la réfutation de la thèse anti-revisionniste qui occupe une si large part de votre discours !

« Que demande-t-on encore SOUS PRÉTEXTE DE REVISION ? On réclame une CONSTITUANTE ! une constituante pour « refaire quoi ? »

Pour « refaire » tout ce que vous avez défait et c'est une œuvre considérable, un travail d'hercule ! Pour réparer toutes les ruines que vous entassez sur notre sol, — pour refaire la patrie, les finances, la justice et la liberté ! Pour « refaire » le droit violé et perverti ; pour organiser la République sur une base juridique avouée par la raison, consacrée par l'expérience, démontrée par la science ! Une « Constituante » pour mettre l'ordre à la place du désordre, pour ramener la paix dans les esprits et la prospérité dans les intérêts. Une Constituante pour enfin doter la démocratie française, d'un outillage indispensable, pour la munir d'institutions à la fois souples et résistantes, qui permettent à la volonté nationale s'actualiser, de s'affirmer, d'influer sur les affaires publiques, sans être détournée, faussée ou amoindrie !

On « réclame une Constituante » enfin, pour trouver cette organisation définitive, cette constitution essentielle, qui garantira tous les droits, favorisera toutes les libertés, suscitera tous les progrès, qui mettra les uns et les autres immuablement à l'abri de tous les caprices du pouvoir, de toutes les ingérences de ses agents, de toutes les entreprises des assemblées !

Mais aux revisionnistes de diverses nuances et comme vous dites dans votre langage élégant et académique « de tout poil et de tout acabit » vous attribuez de tout autres visées. « Ah! disent les orléanistes, elle nous ramènerait le comte de Paris! Ah! disent les partisans de Victor, elle nous ramènerait le bonapartisme! Ah! dit un troisième larron, j'en bénéficierai! »

Il est possible que les orléanistes, les bonapartistes, et le « troisième larron, (quelle langue!) aient eu ces visées. Fréquentant peu ce monde-là, je ne connais pas ses plus secrètes pensées, et n'ai pas à me porter garant pour lui. Ce que je sais, c'est que mes amis et les électeurs qui ont eu confiance en ma loyauté, ne désiraient rien de pareil, qu'ils voulaient consolider la République en l'épurant, la fortifier en l'asseyant sur la large base du droit démocratique et de l'acclamation constatée de tout un peuple!

Le jour où nous aurions vu s'organiser ou se dévoiler ces complots prétendus, auxquels nous ne croyons pas, nous nous serions tournés résolument contre leurs auteurs, fauteurs ou complices, nous aurions fait appel au pays pour les combattre à outrance. Nous aurions repris les traces des 363, n'ayant plus il est vrai pour nous guider, la puissante initiative d'un Gambetta. Pour nous la revision par une Constituante était le vestibule du temple, où réside dans sa majesté paisible, la souveraineté nationale; le moyen efficace et assuré de consolider à jamais la forme républicaine en la greffant sur ce sauvageon vigoureux, le suffrage universel. Nous voulions une base et un couronnement dignes de l'édifice qui doit abriter les générations pacifiées de l'avenir. Quant à faire de la revision, la préface d'une restauration, seuls les gens de parti peuvent avoir ces visées partielles et ces sous-entendus détestables. Pour nous, nous n'appartenons à d'autre parti qu'à celui de la justice, de la vérité, de la liberté!

Loin de « risquer toutes les libertés » nous les affermissions toutes, en posant le couronnement naturel et splendide de l'évolution démocratique que nous accomplissons. D'autres ne risquent rien; mais ils exploitent, compromettent et abaissent tout. Ils vident les flacons, subtilisent les votes, *subliment* les résultats, mettent la maison au pillage, emplissent leurs poches, et, valets insolents, tartuffes politiques, signifient à leur maître un congé en règle.

> C'est à vous d'en sortir, vous qui parlez en maître!
> La maison est à moi; je le ferai connaître.

Oui, nous avons voulu *reviser* le personnel gouvernemental qui détient le pouvoir! Oui, nous avons voulu reviser la constitution bâtarde et usurpatrice de 1875. Ah! nous avons fait un beau rêve! celui d'une République tolérante, libérale, habitable, ouverte à toutes les bonnes volontés, économe des deniers publiques, préoccupée du sort des faibles et des déshérités, respectueuse de tous les droits et de toutes les libertés, mettant avant tout la grandeur et la prospérité de la patrie, gouvernée par des citoyens, des fils de France, des hommes à l'esprit large et généreux, non par des sectaires des loges ou des échappés du Ghetto, des opportunistes hypocrites ou des radicaux haineux, non pas malmenée et exploitée par des hommes de proie et de joie!

Aux électeurs de la Croix-Rousse, à ces honnêtes tisseurs et chefs d'atelier dont le travail diminue, dont l'industrie émigre, qui souffrent silencieusement de tous les malheurs de la patrie, nous avons dit hautement : rendez à la vie privée, au soin de leurs fortunes si bien acquises, tous ces mandataires infidèles et prévaricateurs, ces ventrus et repus, ces égoïstes et jouisseurs, qui au lieu des affaires du pays, ont fait les leurs; tous ces gens vides et nuls, orgueilleux et impuissants, tous ces sous-vétérinaires, ces tripoteurs et agioteurs incapables d'une pensée haute, d'une vue d'intérêt général, d'une visée généreuse et désintéressée ! Qu'ils rentrent dans les rangs des citoyens dont ils n'auraient jamais dû sortir ! Qu'ils fassent œuvre utile et productive s'ils le peuvent encore ; si la pourriture d'assemblée ne les a pas gangrenés jusqu'aux moelles !

« Nettoyons les écuries d'Augias, que le torrent de l'indignation publique y pénètre violemment, par toutes les issues, pour les purger et assainir de tous les détritus et immondices, pourritures et pestilences accumulés par dix ans de parlementarisme opportuniste, de basses œuvres maçonniques et de juiverie triomphante ! »

— 1 300 électeurs de la Croix-Rousse ont eu confiance en nos déclarations et ont bien voulu au premier tour de scrutin nous honorer de leurs suffrages. Je persiste à croire que ces honnêtes gens ne se sont pas trompés ; qu'ils ont été clairvoyants; qu'ils ont fait acte de bons citoyens.

Les déclarations que personnellement j'ai été amené à faire, au cours de la lutte électorale, sur la « séparation de l'État et des Églises », — une conviction enracinée et qui date de vingt ans, — ont éloigné de moi une partie des conservateurs dont j'espérais les suffrages. Ces conservateurs endurcis et dissidents, les ankylosés de la réaction,

n'ont pas voulu comprendre que, précédée d'une loi de « droit commun sur l'association », la séparation de l'État et des Églises devenait une mesure d'affranchissement pour l'Église, une véritable libération du joug de plus en plus dur et onéreux que font peser sur elle les pouvoirs publics, aux mains des juifs et francs-maçons. C'est même pour cela que le parti opportuniste ne veut pas entendre parler de ce divorce nécessaire, qui, avant la fin du siècle, sera un fait accompli. Pour pouvoir opprimer l'Église il faut avoir la main sur le clergé. Il faut avoir un clergé fonctionnaire, dépendant de l'État par la nomination, par un traitement inscrit au budget, qu'on peut diminuer, augmenter ou supprimer à son gré. Les faits actuels me donnent trop tristement raison pour que j'insiste sur ce point douloureux. *Incedo per ignes...*

Pour bien vous montrer, Monsieur, quel a été l'esprit de la campagne revisionniste que j'ai menée avec entrain et avec un certain succès à la Croix-Rousse, permettez-moi de mettre sous vos yeux le texte de mon affiche de désistement au second tour. Ce document doit vous être inconnu. — « Vos hautes fonctions, vos graves occupations » (style Grinand), les préoccupations même de la lutte électorale, vous ont certainement empêché d'apercevoir ce détail insignifiant et sans intérêt pour vous, puisqu'il se produisait en dehors de la 2me circonscription.

« Électeurs de la Croix-Rousse, au nom du Comité républicain revisionniste indépendant du VIe arrondissement, et en mon nom personnel, j'adresse à tous ceux d'entre vous, qui au nombre de 1 300, m'ont honoré de leurs suffrages, nos félicitations et nos plus vifs remerciements.

« Honneur à vous tous, amis inconnus qui, malgré toutes calomnies et manœuvres, à l'encontre d'une pression officielle éhontée, avez si vaillamment lutté avec nous le 22 septembre, pour la libération du territoire à l'intérieur !

« Le pacte d'alliance et d'amitié, conclu sur le champ de bataille électoral, portera ses fruits dans l'avenir. Prochainement nous nous retrouverons pour des luttes nouvelles. Restons unis et fermes dans nos revendications. Ce jour-là, et il ne saurait tarder, nous serons victorieux !

« Dans la 5e circonscription, la situation est éclaircie, simplifiée, par l'élection du 22 septembre.

« 3 820 électeurs ont voté pour les citoyens Couturier, Lebrun et Deloche, dont le programme était : « Revision de la Constitution par une constituante, sous la forme républicaine. »

« 3 050 électeurs seulement ont voté pour le citoyen Chépié, le grand Manitou du comité central, le muet de l'opportunisme, l'embrigadé des loges, l'homme-lige de la secte qui nous opprime et nous avilit.

« Le citoyen Chépié veut la revision limitée et anodine par le congrès, à la mode Ferro-Floquettiste.

« Une forte majorité de près de 800 voix s'est donc prononcée en faveur de la *revision intégrale par une constituante, de la Constitution hybride et usurpatrice de* 1875.

« La Croix-Rousse est donc en forte majorité acquise à la revision.

« Si le citoyen Chépié représentant du comité central est élu, il sera le mandataire, non de la majorité, mais d'une minorité dûment constatée au scrutin du 22 septembre.

« L'escamotage sera évident; le suffrage universel sera faussé et dupé ; la revision sera enterrée vive; « l'opportunisme, qui n'est que la maçonnerie au pouvoir, » continuera son règne néfaste; — l'esprit sectaire et exclusif, la persécution des consciences et des croyances, le gaspillage des finances, le régime des concussions, dilapidations et pots de vin, continueront à s'épanouir, fleurs de plein fumier, sur la France diminuée, appauvrie et déshonorée.

« Les partisans de la République, tolérante, habitable, ouverte à tous les bons citoyens, véritablement nationale, les revisionnistes sincères, en un mot, ont commis la faute grave de diviser leurs voix, d'éparpiller leurs forces. Unis, ils auraient triomphé au premier tour, unis, ils triompheront au second : l'union, c'est la force et la victoire.

« C'est pourquoi, citoyens, je donne l'exemple de la discipline républicaine. Sur l'avis du comité d'honnêtes gens qui m'a fait l'honneur de patronner ma candidature, je déclare me désister au second tour. Je ne m'arroge pas le droit de vous donner des conseils ; de disposer des électeurs et de leur dicter leur choix.

« Mettez la main sur votre conscience d'hommes libres, de citoyens éclairés, de patriotes, et marchez au scrutin ! Quel que soit votre choix, ce sera le bon !

« La situation est grave, le moment solennel ; peut-être décisif dans les destinées de la patrie. Il convient de prendre mûrement des résolutions graves.

« Battus, mais non abattus, nous nous retirons en bon ordre, sans faiblesse, sans amertume ni regrets, satisfaits d'avoir rempli honnêtement et vaillamment notre devoir : tenant « haut et ferme le drapeau de la République démocratique ouverte et nationale que nous avons arboré et qui ne s'abaissera plus. »

« Pour moi, je sors de la lutte, la tête haute, comme j'y suis entré, heureux et fier d'avoir été honoré des suffrages indépendants de près de 1 300 électeurs de la Croix-Rousse. Je reste comme avant, fidèle à la démocratie et à la République, libre de toute compromission de coterie, de tout engagement de secte, de toute étroitesse de groupe, n'ayant jamais appartenu, ne voulant appartenir qu'au seul parti de la justice, du progrès, des réformes pacifiques, de la liberté pour tous! »

Cette affiche de désistement du 5 octobre, la veille du ballottage, a, je crois, fait l'union sur le nom du citoyen Couturier et décidé la victoire (1).

Voilà quel a été le sens exact, l'idée maîtresse de la campagne revisionniste qu'a menée le comité républicain indépendant du IVe arrondissement.

Aucun de nous n'a pensé à favoriser soit les bonapartistes, soit les orléanistes, voire même le général Boulanger, pour en faire un « César de

---

(1) L'élu du 6 octobre, bien placé pour voir, en a jugé ainsi. Répondant aux félicitations que je lui adressais par lettre le soir même de l'élection, il voulut bien m'écrire ces paroles courtoises :

« J'accepte de grand cœur vos félicitations. Je vous en remercie « d'autant plus vivement que c'est votre généreux et délicat désis- « tement qui vous fournit l'occasion de me les adresser. » (Lyon, 7 octobre 89.)

rencontre. » Nous avons voulu consolider, affermir, nettoyer et assainir la maison républicaine, faire place nette et maison neuve; nous avons voulu en faire la « maison commune » de tous les citoyens français, afin que tous pussent s'y réunir, y délibérer utilement sur leurs affaires, sur leurs intérêts communs, les surveiller de près, les gérer et administrer efficacement; afin qu'au moment du danger suprême, de la lutte finale pour l'existence, tous puissent se rallier autour du drapeau, au son connu et patriotique de *son beffroi*!

VIII.

La Croix-Rousse, comme toujours a marché à l'avant-garde de la vraie démocratie, elle a élu un revisionniste intégral, un socialiste modéré, un anti-opportuniste déclaré! Le plateau est une forteresse d'où vous ne délogerez pas aisément la République démocratique, ouverte et nationale!

« En poussant sa navette ou son battant, dit « Michelet, le tisseur pense, combine, réfléchit. » Toutes les manifestations plus ou moins ministérielles ou centrales n'arracheront pas de ces cœurs honnêtes, de ces âmes méditatives et vaillantes, les idées, les aspirations, les projets de réformes, qu'elles ont lentement conçus, prudemment élaborés; qu'elles conservent avec ténacité, avec une indomptable espérance! Galilée, condamné par un tribunal inique et incompétent, forcé de se rétracter à genoux, s'écriait en se relevant: et pourtant elle tourne! *E pur si muove.* »

Si la Croix-Rousse a fait vaillamment et efficacement son devoir, nous devons reconnaître qu'il n'en a pas été de même partout ; que des défaillances nombreuses se sont produites et que dans l'ensemble du pays, nous avons été vaincus. Notre victoire partielle a disparu dans le triomphe momentané, incomplet et chèrement acheté de la réaction et de l'exploitation opportunistes.

Grâce à la pression officielle à haute dose, à l'intimidation, aux circulaires inouies que nous avons vu paraître (1) ; sous le coup des fonds secrets, de la presse reptilienne, des bagarres que suscitaient vos

---

(1) Je détache le passage suivant d'un journal très répandu, *l'Autorité*, du 4 janvier.

« Le 5 avril 1848, M. Carnot, père du président actuel de la République, était ministre provisoire de l'Instruction publique et des Cultes.

« Fidèle aux traditions républicaines qui flétrissent, avec raison, toute ingérence des fonctionnaires dans les élections, ingérence qui ne se rencontre d'ailleurs que sous les monarchies et sous les tyrans qui les gouvernent, M. Carnot envoyait la circulaire suivante aux inspecteurs primaires de nos départements :

« Monsieur,

« Je reçois un rapport de MM. les commissaires du gouvernement, « duquel il résulte que, pour soutenir certaines candidatures à la « représentation nationale, vous n'avez pas craint d'user de l'in- « fluence que vous donnent vos fonctions, en cherchant à séduire « par des promesses ou à intimider par des menaces les institu- « teurs du département, portant ainsi atteinte à la liberté des « suffrages.

« Je dois blâmer hautement, monsieur, la conduite que vous « avez tenue à cet égard. J'aime à croire que, mieux éclairé sur « vos devoirs, vous reconnaîtrez la nécessité d'apporter immédia- « tement dans vos relations avec les instituteurs toute la réserve « et toute la circonspection que commande le titre dont vous êtes « revêtu.

« Je regrette de me trouver forcé de vous adresser cet avertisse- « ment ; j'espère que vous ne le perdrez pas de vue.

« Recevez, etc., etc. »

« Voilà certes un beau langage, bien différent, en tout cas, de celui que M. Carnot fils permet à son commis Fallières de tenir, quarante-deux ans après ! »

agents, par tous les moyens innommés et inavouables, vous avez distancé les révisionistes de « *trois cents mille voix* ». Défalquez vos 500 000 fonctionnaires (d'aucuns disent 800,000), et la victoire passe du côté de vos adversaires. C'est donc une victoire à la Pyrrhus et dont vous n'avez pas le droit d'être fiers. Aussi pouvons-nous répéter avec notre Montaigne : « il est des défaictes triomphantes à l'envy des victoires ! » ou encore avec le poète : *In magnis et voluisse sat est.*

Avoir voulu l'honneur, c'est assez pour la gloire !

Mais vous n'êtes pas généreux dans la victoire ! Le député ne sait pas oublier les *transes* du candidat. Vous piétinez avec une joie féroce les membres mutilés mais encore vivants de vos adversaires, dispersés non détruits. Volontiers vous répéteriez le mot d'un impérial trembleur : « le cadavre d'un ennemi sent toujours bon ! » Ah ! vous nous appliquez sans ménagement le « *væ victis* » des Romains ; et vous faites monter à nos lèvres ce vers de Corneille :

Vos bras sont invaincus, mais non pas invincibles.

Soyez modeste, Monsieur : la politique a des retours inattendus. On l'a dit il y a longtemps : la roche Tarpéiene est près du Capitole. Plus d'un Marius en a fait l'expérience. Le mont Aventin lyonnais n'est pas une succursale de la place Beauveau, et si l'on y est *Constant*, c'est dans ses convictions politiques.

Pourquoi venir parler ici de « coalitions hybrides », « auxquelles on a payé son tribut » ? Ces coalitions « hybrides » sont celles des appétits, des conversions intéressées, des convoitises qui s'agitent autour de l'assiette au beurre ; de catholiques devenus libres penseurs et serfs des loges ; des opportunistes et des radicaux, des Aryens et des Sémites, de la politique et de la finance, des corps politiques transformés en corps judiciaires pour frapper des adversaires politiques, etc.

Je l'écrivais à l'adresse des opportunistes dans la brochure plus haut citée :

« La doctrine est pour ainsi dire la moelle, la charpente, l'ossature de tout groupe politique aspirant à l'action efficace et résolu.

« Vous n'avez pas de doctrine, pas de principe, et c'est là même la caractéristique de votre groupement éphémère. Les intérêts ne sont pas des principes; les ambitions ne font pas un programme. Les déclarations successives de Gambetta, de ses lieutenants, de ses enrolés, prouvent aussi bien l'absence de convictions assises que l'existence d'appétits désordonnés.

Et ma seule doctrine est de n'en point avoir.

« N'ayant ni principe, ni programme arrêté, vous n'avez pas de « foi politique »; vous manquez de désintéressement, « de vertu politique ». Vous n'avez que des instincts, des passions, des ambitions, des appétits à satisfaire : vous êtes une bande d'exploiteurs, de parasites, de *politiciens*. Vous ne serez jamais des hommes d'État, des législateurs, des politiques au sens élevé du mot.

« Aussi en quel état vous avez mis la patrie ! Honte et malédiction sur vous ! La noble nation des Franks, entre vos mains avides, prêtes à toutes les concussions, façonnées à toutes les exploitations, souillées de toutes les rapines, ira d'abaissements en abaissements, de ruines en ruines, jusqu'à ce qu'enfin le peuple, le vrai peuple, se soulève, comprenant qu'il est la proie d'une bande, la dupe de charlatans et de jongleurs ! Ce jour-là, et il est proche, il vous vomira avec horreur : il appesantira sur vous sa justice ; il vous fera rendre gorge ; il vous renverra à vos œuvres basses, dans vos repaires, loin du jour et des regards indignés des honnêtes gens ! (1) »

Ceci était écrit en 1885. – Pensez-vous, dans votre for intérieur, que tout ce qui s'est passé depuis au cours de la législature qui a pris fin en 1889, n'ait pas amplement justifié ces prévisions, accru ces dangers, légitimé ces craintes patriotiques ? — Vous dites vous-même qu'il faut éviter les discussions sur *les questions de principes* : visiblement les principes vous gênent.

Oui, certes, la « démocratie lyonnaise gardera toujours son bon renom de démocratie sage et sérieuse, d'avant-garde de l'armée républicaine, » C'est parce que la démocratie de la Croix-Rousse est à l'avant-garde, en sentinelle avancée, qu'elle a pu mieux voir, donner l'alarme, signaler le péril et combattre vaillamment pour l'écarter. « A moi d'Auvergne, voici l'ennemi ! » tel est le cri qu'elle a poussé, et qui n'a pas été suffisamment entendu du corps d'armée.

C'est ainsi « qu'elle n'a pas menti ni à son histoire dans le passé, ni à son programme » dans le présent.

« Elle n'acceptera jamais de compromissions louches » Certes, elle l'a bien prouvé ! « On ne pourra jamais dire d'elle qu'elle s'est rendue suspecte par des alliances que la morale réprouve. » A coup sûr, puisqu'elle a repoussé Chépié « le grand manitou du Comité central, le muet de l'opportunisme, l'em-

---

(1) *La Réforme sociale et la Question politique* p. 95 – 9?.

brigadé des loges, l'homme-lige de la secte qui nous opprime et nous avilit. » Elle a réprouvé hautement cette alliance passagère, obtenue, « *in extremis,* » par surprise et sous l'empire du scrutin de liste départemental, alors que toutes les forces de ce moribond, *central* de jadis, ont pu, dans l'indifférence générale pour un mandat expirant et un lambeau de législature, se ramasser et galvaniser dans un suprême effort, dans les dernières convulsions et hoquets de l'agonie, pour ce laborieux et terminal accouchement. — Cette « alliance que la morale réprouve » suivant votre expression, a pris fin ; un divorce nécessaire et définitif est intervenu grâce à cette démocratie d'avant-garde « composée de citoyens unis pour la défense de la République » contre les menées, les ambitions et les intrigues des opportuno-radicadettistes, francs-maçons et juifs « de tout poil et de tout acabit » pour employer encore une de vos locutions les plus académiques.

Volontiers donc, je souscris à votre appréciation flatteuse. Oui ici, à la Croix-Rousse, « la grande voix populaire s'est élevée pour renverser tous les complots tramés » (on *déjoue* un complot, on ne le *renverse* pas, il me semble : il faut surveiller votre langue, Monsieur le député de la 2me). — En effet, à la nouvelle de l'élection du citoyen revisionniste et anti-opportuniste Couturier, 6 000 électeurs, conscients du complot tramé et déjoué, clamaient : A bas le Central ! et poussaient l'audace jusqu'à promener un mannequin qu'on disait représenter le Polyphème opportuniste, non réélu sur le plateau. « *Major e longinquo reverentia,* a dit le poète : la distance augmente le respect. » Rarement, on est prophète en son quartier, au milieu des siens, à moins d'une vocation toute spéciale et de grâces d'État.

IX.

Vous voulez bien terminer vos deux harangues à la salle Indienne et à la brasserie Dupuis, par des paroles d'encouragement, de patience, d'espérance ; par des conseils d'union, de concorde et de sagesse, que j'ai plaisir à transcrire.

« A la Chambre, dites-vous, il souffle en ce moment un vent d'union, de concorde. Aussi, voyez les progrès réalisés ! On se préoccupe beaucoup moins des questions de coterie, de divisions de groupes. En revanche on agite les grandes questions industrielles et commerciales, la Chambre se préoccupe enfin des questions d'affaires, touchant à la vitalité du pays. »

J'ai cité plus haut vos paroles DE FÊTE à la Tutélaire : laissez-moi les répeter ; elles charment mon cœur : « Le Gouvernement de la République n'est pas un Gouvernement de sectaires ; il ne veut que le bien ; faites-vous les apôtres de ces maximes. » Quelques jours après vous, le 5 janvier, au pélerinage annuel des amis de Gambetta, à la villa des Jardies, l'Éliacin de l'opportunisme, le jeune IOUDDI Reinach, disait aussi : « Élevons-nous au-dessus des misérables querelles de coteries et de chapelle, et disons très haut que l'esprit d'intolérance et de secte, voilà l'ennemi. »

Je suis heureux pour ma part, de ces appels « concordants à la concorde. »

Voilà ce que l'on dit ! eh ! que dis-je autre chose ?

Ainsi députés et ministres, francs-maçons et juifs, tous veulent, en parole et en théorie du moins, l'union, la concorde, l'apaisement, la réconciliation. Nous sommes ravis de ces renseignements, de ces exhortations et déclarations, de ces pronostics inespérés, sortant de bouches aussi augustes qu'autorisées. — Nous aussi nous voulons la paix, l'union entre les citoyens de la même patrie, « de la douce France. » En présence des menaces grandissantes de l'ennemi héréditaire, des armements à outrance de la triple alliance, nous tressaillons d'aise à cette douce espérance. Seule l'union qui fait la force, peut nous mettre à l'abri des plus redoutables éventualités, nous garer du péril suprême.

Cette union, nous la poursuivons partout, nous en saisissons avec empressement la moindre lueur, le plus léger soupçon, le plus faible bruissement, comme on dégage une rose au milieu des épines. *Quam dulce et jucundum habitare fratres in unum*! Quelle douceur! Quelle suavité de cohabiter en frères dans l'unité! Ah certes! nous voudrions que tous les fils de France n'eussent qu'un cœur et qu'une âme! Unis par l'affection réciproque, nous pourrions défier tous les coups de l'adversité!

Permettez-moi de vous dire, Monsieur, que depuis vingt ans, ce rêve, cette chimère peut-être, guide nos travaux, inspire activement nos recherches, soutient et ranime notre ardeur. Comme la lutte, qui déchire les entrailles des Sociétés modernes, semble précisément circonscrite entre la raison et la foi, la science et la croyance, l'Église et la Révolution, c'est sur ce « terrain central, » sur ces deux états fondamentaux de l'intelligence humaine, que votre serviteur a d'abord cru devoir diriger ses investigations et concentrer ses efforts. Soyez assez bon, Monsieur, pour me permettre et me pardonner ces quelques mots tout personnels. Je ne saurais prouver par une autre voie, comment tous les bons citoyens s'entendent, s'accordent dans cette même pensée

d'apaisement, de réconciliation qui inspire votre péroraison.

— De l'introduction d'un ouvrage, auquel je travaille depuis des années, j'extrais ces quelques lignes, concordantes à vos paroles.

« Au début de cette œuvre de conciliation, de propagande et de sincérité, je fais cette déclaration sans ambages.

« S'il était certain pour moi, comme il paraît l'être pour plusieurs, que l'Église catholique fût un obstacle à la liberté civile et politique, je cesserais à l'instant d'être catholique.

« S'il était certain pour moi que l'Église a réellement, par un acte d'infaillibilité, condamné au sens précis, non théologique mais social, les principes dits de 89, je cesserais à l'instant d'être catholique.

« S'il était prouvé, comme la maladresse de quelques-uns tend à le faire accroire, que catholicisme et ancien régime, catholicisme et monarchie fussent inséparables, je le déclare à l'instant même, je sortirais des rangs de l'Église catholique.

« Mais grâce à Dieu, rien de tout cela n'est vrai et le contraire peut être pleinement démontré! L'Église catholique peut et doit s'accommoder de tous les progrès, vivre et prospérer sous toutes les formes de gouvernement. Le catholicisme et la liberté, le catholicisme et les principes de 1789, le catholicisme et la démocratie peuvent faire bon ménage ensemble. Les conséquences ne sauraient être en opposition avec les principes : la cause ne peut s'insurger contre ses effets. — Là où le fanatisme, l'ignorance, la mauvaise foi, le parti-pris, l'étroitesse et l'obstination ne voient qu'antagonisme, dissidence, incompatibilité, la raison calme

et éclairée, la science sérieuse et sincère proclament la concorde, l'harmonie, une réciproque pénétration, une nécessaire unité au sein d'une providentielle et féconde variété. »

« Si on choque les principes de la raison, dit Pascal, notre religion sera absurde et ridicule. La foi dit bien ce que ces sens ne disent pas, mais jamais le contraire ; elle est au-dessus et non pas contre. »

La préface d'une autre œuvre, conçue dans le même esprit de conciliation, débute ainsi :

« J'écris un opuscule qui va droit à l'encontre des étroitesses contemporaines, des partis pris et des préjugés qui nous divisent, des rancunes et des haines qui nous stérilisent. Je hais les coteries exclusives et oppressives, les petites Églises intolérantes et fermées. L'esprit sectaire m'est odieux. Partout, dans ce vaste univers, il y a de l'être, de la vérité, de la beauté, de la vie et de l'amour. Ce n'est pas dans les petits recoins obscurs de telle ou telle association cachée qu'il faut chercher les mobiles de la vie, les impulsions de l'amour, les joies de la lumière.

Je suis concitoyen de toute âme qui pense ;
La vérité, c'est mon pays !

« J'écris donc une œuvre de lumière et de paix, de large compréhension et d'urgente pacification.

« A cela je n'ai aucun mérite, depuis vingt ans la préoccupation d'une réconciliation nécessaire entre la démocratie triomphante et l'église infaillible, obsède mon esprit, fait palpiter mon cœur. Sur ce sujet, j'ai accumulé d'énormes matériaux, entassé des manuscrits qui m'encombrent; de tout ce fatras, j'extrais le présent opuscule. Le reste ne vaut pas la peine d'être nommé : *Ludibria ventis*. ...

« J'obéis donc à une idée fixe, à une obsession persistante ; je suis un monomane de la réconciliation entre l'État et l'Église, sur le terrain des libertés nécessaires et des principes de 1789. Je crois remplir un devoir pressant, indiqué par les événements, en cédant à cette poussée de l'esprit, à cette obsession de mon intelligence, à ce décevant mirage de mon cœur, etc. »

Vous le voyez donc, Monsieur, cette union, cette concorde, cette conciliation que vous désirez comme homme politique, sur le terrain des faits et des nécessités de gouvernement, votre serviteur, avec moins de talent et d'autorité, les poursuit également dans une autre sphère, celle des idées, des doctrines, des principes.

Car, permettez-moi de vous le dire, il ne peut y avoir d'union vraie, de conciliation sincère que par les principes, par les croyances ou les convictions. Tout équilibre matériel, tout accord purement extérieur et politique, sont de leur nature fragiles et instables, s'évanouissent au moindre choc, cèdent aux passions comme aux préjugés, à la mobilité des intérêts comme à la poussée du milieu. — La tranquillité de l'ordre, *tranquillitas ordinis*, selon le beau mot de saint Augustin, ne peut s'obtenir que par le retour aux principes, aux convictions ou croyances communes, par *les idées* en un mot, centre universel et invariable des vérités premières et évidentes, dont le faisceau forme la « raison » et dont « l'entendement » est l'organe.

Or, permettez-moi toute franchise en ce point : un doute me poursuit, une préoccupation m'assiège, que je voudrais voir éclaircir et dissiper.

Les conservateurs libéraux, les catholiques et vous, avez-vous les mêmes principes ? Êtes-vous mus par les mêmes convictions? Concevez-vous de la même manière et L'ORIGINE ET LE BUT de la destinée humaine d'abord, puis de l'évolution sociale qui doit l'aider, la favoriser, en écartant, par un ensemble de MOYENS appropriés, les OBSTACLES qui s'opposent à sa réalisation, à l'obtention de cette fin suprême?

J'en doute fort, et pour plusieurs motifs.

D'abord à raison de ce conseil ou déclaration que j'ai relevés dans votre discours : « Il faut éviter les discussions sur les questions de principes. » Pourquoi, je vous prie? Pensez-vous que les discussions, les débats de la Chambre, ceux des réunions privées ou publiques y gagneront beaucoup en largeur, en élévation, en solidité, intérêt ou clarté? La région des principes, c'est la région de la lumière et de la certitude. Ce n'est point dans les lieux bas et ténébreux que les questions s'éclairent, que s'élucident les lois durables, que s'élaborent les résolutions gouvernementales sages et pondérées. Vous qui cherchez une « orientation politique; qui voulez assurer à ce pays le respect de l'autorité et refaire le principe du gouvernement », sachez que vous ne trouverez la force et la lumière nécessaires à ces nobles ambitions que sur les lieux hauts, dans la sphère vivifiante des principes, sur les cimes inondées des vives clartés de la révélation interne qui forme la raison, ou de la révélation extérieure qui se nomme le christianisme. C'est là que se FORGENT les conviction fières, les résolutions viriles, les indomptables certitudes. ... *Magna parens virum.*

Tout au contraire, en prononçant comme le mystique auteur de l'*Imitation* le : *Cave a principiis* (1),

(1) *Cave a principiis; magna enim invenitur ibi, distractio et deceptio,* disait l'auteur de l'*Imitation de Jésus-Christ,* ce grand cœur reste

vous semblez dire : « Faisons la nuit, faisons le silence ; craignons les embûches ; nous nous entendrons mieux, en marchant à tâtons, dans les ténèbres, que dans l'éclat aveuglant de la lumière. Nous sentirons alors le besoin de nous unir, de nous soutenir et nous cheminerons en bande, la main dans la main. » — Les grands hommes d'État sont les hommes de principes et de convictions. Les luttes de la tribune qui ont laissé trace dans l'histoire sont celles où l'on discutait les principes de la législation, les axiomes dominateurs du droit politique. Je vous ai dit un jour, dans une lettre publiée par les journaux, un mot quelque peu méchant : je vous ai appelé un « avoué perfectionné » ; tiendriez-vous par hasard à justifier cette ironique qualification ?

Le second motif pour lequel je me défie, non pas de votre sincérité oratoire, mais de l'efficacité de votre bon vouloir, ce sont vos actes récents, quotidiens, actuels. Ce sont ces suspensions ou privations réitérées de traitements, infligées sans discussion, sans avis préalable, sans garanties, à de pauvres curés ou desservants, appointés à 900 francs en moyenne, et qui trouvaient encore dans leur charité, le moyen de partager avec les pauvres ce salaire d risoire.

Si, dans votre « insatiable désir de pacification », comme disait un évêque, vous supprimez toujours des traitements de prêtres (en laissant subsister la fonction), comment voulez-vous que le clergé et les conservateurs en général, croient à votre sincérité ? Vous dites d'une façon et faites d'une autre. A moins que la contradiction ne soit une loi d'État, il est dif-

---

enseveli et inconnu dans son humilité, ce grand esprit, fatigué et harrassé des interminables discussions de l'École, en *baroco* et en *barbara*, sur les genres et les espèces et de *omni re scibili*.

ficile, vous le reconnaîtrez, d'accorder vos actes et vos paroles.

Les pharisiens aussi appelaient le Juste, roi des Juifs ; ils lui mettaient une couronne d'épines, un roseau dans la main, une tunique de pourpre, s'agenouillaient devant lui, et se relevant, lui donnaient des soufflets, lui crachaient au visage. Mais au moins ils faisaient cela par dérision et ne prétendaient point au sérieux.

Je pourrais vous citer encore l'abus déplorable des laïcisations, qui n'est pas un fait à vous personnel, mais qui incombe à l'un de vos collègues, au gouvernement dont vous faites partie.

Le docteur Després, un républicain indépendant, signalait l'autre jour au conseil municipal de Paris, l'effet budgétaire des laïcisations dans les hôpitaux et donnait un exemple pris dans son service. Au lieu d'une sœur infirmière qui coûtait 200 francs, on a établi trois infirmières laïques ; l'une à 2 100 francs, l'autre à 1 700 francs, la troisième à 1 500 francs, total, 5 300 francs au lieu de 200 ! de plus, l'alimentation est plus mauvaise et plus chère, les malades moins bien traités : le linge de l'infirmerie disparaît ; les frais de l'Assistance publique sont plus que doublés ! Un des membres du conseil eut le triste courage de s'écrier : « Mais ce n'est pas une question d'argent ! » En effet, l'argent ne leur coûte rien à ces sectaires du conseil municipal, qui s'allouent chacun 6 000 francs et des frais de représentation ! c'est l'argent des contribuables, et la France est une bonne « vache à lait ». Voilà le coulage journalier et général, l'une des mille fissures par où s'écoule la fortune publique.

Mais ceci concerne tout le Cabinet et non vous seul en particulier, bien que vous ayez, je pense, votre part de responsabilité morale dans de tels agissements : le Cabinet étant responsable et solidaire !

Le troisième motif qui me fait douter de voir se réaliser l'apaisement, « l'union et la concorde », dont vous parlez en termes excellents, c'est, permettez-moi de vous le dire sans ménagements hypocrites, non en termes voilés et adoucis, mais directement et en face : c'est que vous êtes franc-maçon, que vous appartenez à la société secrète et non autorisée, à la secte dangereuse et subversive des « frères trois points », fils de la Veuve et vengeurs d'Hiram.

Vous n'êtes pas libre de vos actes ; vous êtes enchaîné et assujetti, réduit et abaissé au rôle d'exécuteur des basses-œuvres des loges. Vous et vos collègues, vous avez été mis, poussés et promus au ministère pour faire une besogne déterminée ; le choix des moyens vous a été laissé, je l'accorde ; vous pouvez choisir le moment, le temps et le lieu, le mode de réalisation, suivant les circonstances, les possibilités, l'OPPORTUNITÉ ; mais vous êtes là pour réaliser un programme, pour exécuter un plan élaboré et fixé par avance dans les loges dirigeantes de la maçonnerie.

Hommes-liges de la secte, vous ne vous appartenez pas !

De ceci je n'ai pas entre mains la preuve précise, écrite ; je n'ai pas davantage la preuve orale ou testimoniale, ni la possibilité de l'administrer. Les sociétés secrètes ne livrent pas leurs secrets, n'ébruitent pas leurs résolutions. Ce serait mentir à leur caractère, à leur but. Tous leurs membres ont à plusieurs reprises juré le secret, se sont engagés par des serments formidables, souvent suivis d'effet, à ne rien révéler ni des instructions, ni des agissements et résolutions, ni du personnel de la secte. A chaque tenue de loge ces engagements sont renouvelés. On « couvre » le temple pour en écarter les profanes, et le Vénérable rappelle les engagements pris. Donc tout cela ne peut être prouvé et n'est connu du public que par des « indiscrétions ou des conversions, » quelquefois par suite de décès et d'héritage.

Mais la besogne ministérielle que vous faites est tellement répugnante; elle est tellement contraire aux sentiments naturels d'humanité inhérents à notre race ; elle est si formellement contradictoire à vos déclarations et programmes, comme homme privé, comme citoyen et comme député, que vous estimant plus haut que cela, je dois croire, pour votre considération, que cette besogne vous est imposée par plus puissant que vous, et qu'il ne vous est pas loisible de vous y soustraire...

L'attentat d'Orsini, ce qui l'a précédé et ce qui l'a suivi, est encore présent à toutes les mémoires. Un livre récent, sur les *Assassinats maçonniques*, vient encore d'en raviver le souvenir, en précisant ces faits et bien d'autres, sans oublier la mort mystérieuse de Gambetta, devenu suspect aux loges.

La secte à laquelle vous appartenez, attiré et séduit comme tant d'autres par ses apparences humanitaires et ses déclarations philanthropiques, probablement affiliés avant d'en connaître le but précis, la nature, les desseins cachés et les moyens pervers, cette secte astreint ses adeptes à l'obéissance la plus étroite, et même, lorsqu'ils ont atteint certains grades, à « l'obéissance passive, » par des engagements solennels et répétés, des serments explicites et terribles, accompagnés de sanctions formidables et qu'on ne saurait éviter. Une fois entré par camaraderie, par l'appât de l'inconnu, par amour-propre, dans cet engrenage infernal, l'homme y passe tout entier. Il est broyé dans son intelligence, dans sa volonté, dans ses actes, dans toutes les parties vives de son être, et ne sort de ce « cylindrage » qu'aplati, désarticulé et desséché, à l'état de pâte molle et malléable, de mortier ou de ciment, que pétrissent, triturent et façonnent à leur gré les chefs occultes et suprêmes de la secte.

Un tel homme ne s'appartient plus : sa personnalité disparaît; le ressort de son libre arbitre est brisé. Comme l'esclave antique, il est *res nullius primo occupanti*, ou, comme disaient les jurisconsultes romains de l'époque classique : *non tàm vilis quàm nullus* : l'esclave est « moins vil encore que nul. »

Pur moyen, simple instrument dans la main des souverains grands inspecteurs généraux ou commandeurs du 33e et dernier degré, l'affilié maçon devient, suivant le mot tant reproché aux Jésuites : *perinde ac cadaver; velut baculum in manu viatoris* : comme un cadavre inerte, ou comme le bâton dans la main du voyageur. S'il résiste on le brise, on le réduit, on l'amène à composition par la vile calomnie, la calomnie sourde et lâche, par la déconsidération dont il est frappé et la pauvreté qui s'en suit. D'autres fois on le fait disparaître sournoisement par le poison lent, qui affecte les formes de la maladie; ou bien, on le supprime violemment... par un accident, un meurtre ou un *suicide.* C'est par ces exécrables et criminels moyens que cette « sainte Vehme » et ce moderne tribunal « des Dix, » retiennent, enchaînent et déchaînent leurs malheureux et imprévoyants adeptes.

X.

A l'appui de ces dires, voici des autorités.

L'homme le mieux informé qui soit au monde, le grand et sage Pontife Léon XIII, ne craint pas de mettre en lumière ces faits dans sa belle encyclique, *Humanum genus* du 20 avril 1884.

« En effet, ceux qui sont affiliés doivent promettre d'obéir aveuglément et sans discussion aux injonctions des chefs ; de se tenir toujours prêts sur la moindre notification, sur le plus léger signe, à exécuter les ordres donnés, se vouant d'avance, en cas contraire, aux traitements les plus rigoureux, et même à la mort. De fait, il n'est pas rare que la peine du dernier supplice soit infligée à ceux d'entre eux qui sont convaincus, soit d'avoir livré la discipline secrète de la société, soit d'avoir résisté aux ordres des chefs ; et cela se pratique avec une telle dextérité, que la plupart du temps l'exécuteur de ces sentences échappe à la justice établie pour veiller sur les crimes et pour en tirer vengeance.

« Or, vivre dans la dissimulation et vouloir être enveloppé de ténèbres, enchainer à soi par les liens les plus étroits, et sans leur avoir fait préalablement connaitre à quoi ils s'engagent, des hommes réduits ainsi à l'état d'esclaves, employer à toutes sortes d'attentats ces instruments passifs d'une volonté étrangère ; armer pour le meurtre des mains à l'aide desquelles on assure l'impunité du crime, ce sont là de monstrueuses pratiques condamnées par la nature elle-même. La raison et la justice suffisent donc à prouver que la société franc-maçonnique est en opposition formelle avec la justice et la morale naturelle. »

La visée certaine et formelle de cette secte, au moment où nous sommes, est la « destruction par tous les moyens quels qu'ils soient, du surnaturalisme et principalement de la religion catholique, la plus tenace de toutes ». (1) Les documents et preuves abondent à ce sujet. Voici entre autres une indication importante qui montre les rapports et liens existant entre la politique contemporaine et l'action occulte des loges maçonniques.

Une convocation toute spéciale a réuni à Paris, fin octobre 1885, certains 32mes et 33mes français, pour recevoir une communication importante du pouvoir dirigeant de l'Ecossisme. Cette communication est ainsi conçue : « L'ordre réclame la mise en pratique immédiate du D.·. J.·. M.·. quand même ». Pour le public s'il vient à être informé, et pour la grande foule des maçons de grades inférieurs, cela signifie simplement *dous meumque jus*, « à nous tous nos droits » ; comme traduisent les Francs-maçons. Voici le sens intime, « ésotérique » de cette formule, dévoilée par un chef maçonnique converti ; « imposer la destruction de tout ce que la matérialisation n'atteint pas. (Destruction, Imposition, Matérialisation). Par tous les moyens, quels qu'ils soient, imposer pratiquement à la famille d'abord, à la nation ensuite, pour parvenir à l'imposer à l'humanité : 1° la destruction du surnaturalisme là où la conscience n'a pas été atteinte par le matérialisme maçonnique ; 2° la destruction de l'anti maçonnisme, là où l'enseignement n'a pas été

(1) Une circulaire récente du Grand Orient d'Italie, provoque le groupement des forces Italiennes sous la direction d'un grand Orient général, qui unira en faisceau toutes les forces des loges ou corporations existantes ou à fonder... « pour le triomphe de l'Humanité, contre toutes les dérivations supramondaines, produites par le mal-

atteint par le matérialisme maçonnique », etc. etc. (1).

Telle a été la cause déterminante du revirement qui s'est effectué dans la politique française à partir d'octobre 1885, et du redoublement de rigueurs contre le clergé.

Or, Monsieur, c'est précisément à ce moment que vous êtes entré à la Chambre.

D'autres instructions plus anciennes ne sont pas moins formelles. Voici ce que je lis dans un « Rituel du 33me et dernier degré de l'Ecossisme (2). C'est la dernière page de l'initiation, le mystère le plus profond de la maçonnerie, « le secret des secrets » le mot suprême et dernier de cette religion du naturalisme.

« L'ordre... n'est-il pas le grand vengeur du Grand maître innocent assassiné ? Son rôle n'est-il pas celui de Grand Justicier de l'humanité ?

« Le Grand Maître innocent, vous l'avez pressenti c'est l'homme qui est roi et maître de la grande nature etc.

« Notre Grand Maître innocent était né pour être

---

faisant instinct des théocraties et des religions surnaturelles et de la plus tenace de toutes, la religion catholique.— La suppression des ordres religieux, la désamortisation des biens ecclésiastiques, et la destruction du pouvoir temporel, sont les trois grands faits historiques qui constituent la base granitique du mouvement maçonnique en Italie. Il convient de profiter de l'occasion présente et des conquêtes passées, pour régler nos opérations et pour avancer avec ardeur, calme et énergie etc. » Suivent l'indication et l'énumération des moyens.

(1) *Maçonnerie pratique*, t. II, p. 225.

(2) Pris de l'ouvrage très sérieux et très informé paru sous ce titre *Satan et Cie*, association universelle pour la destruction de l'ordre social, par le souverain grand inspecteur général du 33e et dernier degré, P. Rosen.

heureux, pour jouir dans toute leur plénitude de de tous les droits sans exception.

« Mais il est tombé sous les coups de trois assassins, de trois infâmes, qui ont soulevé des obstacles formidables contre son bonheur et contre ses droits et ont fini par l'annihiler.

« Ces trois assassins infâmes sont : « La Loi, la Propriété, la Religion.

« La Loi, parce quelle n'est pas l'harmonie parfaite, entre les droits de l'homme isolé, et les devoirs de l'homme social en société, etc.

« La Propriété, parce que la terre n'appartient à personne, et que ses produits appartiennent à tous, dans la mesure pour chacun des besoins réels de son bien-être.

« La Religion, parce que les religions ne sont que les philosophies d'hommes de génie, que les peuples ont adoptées, sous condition expresse qu'elles viennent susciter un surcroît de bien-être pour eux.

« Ni la loi, ni la propriété, ni la religion, ne peuvent donc s'imposer à l'homme ; et comme elles l'annihilent en le privant de ses droits les plus précieux, ce sont des assassins, dont nous avons juré de tirer la plus éclatante des vengeances, des ennemis auxquels nous avons juré une guerre à mort, à outrance et sans quartier.

« De ces trois ennemis infâmes, *c'est la religion qui doit être le souci constant de nos attaques meurtrières, parce qu'un peuple n'a jamais survécu à sa religion, et que c'est en tuant la religion que nous aurons à notre merci la loi et la propriété*, et que nous pourrons régénérer la société, en établissant, sur les cadavres de ces assassins, la Religion Maçonnique, la Loi Maçonnique, la Propriété Maçonnique.

« Et comme tous nos secrets sont impénétrablement cachés sous des symboles, ceux du grade suprême que vous avez atteint, se trouvent cachés dans le symbole de notre grade. (Explication sur ce symbole.)

« Et maintenant, Frère, que nous vous avons armé de toutes pièces pour le duel à mort provoqué par les crimes infâmes de nos ennemis; maintenant que, en devenant un des chefs suprêmes de la maçonnerie, vous êtes devenu un de ses champions,

« Par la parole, par la plume, par l'enseignement, par la famille, par vos relations sociales, par le parlement, par la richesse, par la ruse et par la violence, allez combattre le bon combat du bien, de la vertu et de la vérité, et ne nous revenez que vainqueur ou mort ! »

Voilà, Monsieur le député-ministre, l'association dont vous faites partie; — nous en avons les preuves entre mains.

Nous avons entre mains les discours de la plupart de vos amis politiques : les Brisson, les Millaud, les Le Royer, les Ferry, les Clémenceau, les P. Bert, les Marmonier, les Pelletan, les Floquet, les Constant, les Spuller etc. (1)

Cette lecture et bien d'autres m'ont convaincu que si la République dévie de son objet, si au lieu d'être la « chose publique, » celle de tous, ouverte et accessible à tous, s'appuyant sur la volonté nationale pour réaliser l'intérêt général, elle est devenue sec-

(1) *La Franc-Maçonnerie sous la 3e République* d'après les discours maçoniques prononcés dans les loges par les FF.·. etc., par Anatole Leroux, ex-33e, souverain grand inspecteur général. Paris, Le Touzey et Ané, éd. rue Bonaparte. 2 vol.

taire, exclusive, oppressive, persécutrice des consciences ; si elle gaspille les finances, diminue la fortune publique, comme le prestige de la France à l'étranger ; si elle trouble, gâte et corrompt tout ce qu'elle touche, c'est qu'elle est gouvernée par des sectaires, par des échappés des loges et des ghettos, par des matérialistes embrigadés, par des gens sans foi ni loi, sans patriotisme, sans grandeur, sans visée haute et désintéressée. En un mot l'opportunisme qui règne et gouverne, c'est la maçonnerie au pouvoir. Nous ne sommes pas en république, mais en F.·. maçonnerie.

Ceci bien entendu n'a rien de personnel, ne vous vise pas spécialement. — Je qualifie un système de gouvernement, un mouvement d'ensemble, une orientation et une poussée politiques, un parti au pouvoir, non tels ou tels individus nominativement désignés.

Je dis simplement : vous faites partie de cette bande opportuno ou radico-maçonnique. Démentez-moi ; dites-moi et surtout prouvez-moi, que je me trompe. J'enregistrerai avec grand plaisir vos démentis et surtout vos preuves. Je vous le dis en toute sincérité, je serai très heureux d'être rectifié.

Une foule d'autres faits : la récente allocution de Léon XIII au collège des cardinaux, à l'occasion du nouvel an, venant après tant d'autres dans le même sens, la splendide encyclique *Humanum genus*, dont je vous demanderai la permission de faire plus loin quelques extraits, véritable monument de clairvoyance et de sagesse en même temps que de science religieuse, politique et sociale ; la campagne menée en France contre le clergé séculier et régulier, contre ses efforts, ses œuvres, sa situation, campagne dont P. Bert, dans la fameuse lettre à M. Castagnary, a tracé le plan fidèlement suivi, maçonniquement exécuté, etc. etc. tout prouve et démontre que la F.·. maçonnerie en possession du pouvoir, exaltée par ses récents succès, entend pousser à fond ses avantages; qu'elle entreprend non seulement de déchristianiser la France, d'extirper le catholicisme, mais comme disait Quinet, de le déshonorer, de l'étouffer dans la boue.

Or, Monsieur, je le répète, vous êtes membre de cette secte: vous avez fait partie de la loge le PARFAIT-SILENCE, Or.·. de Lyon. C'est vous qui avez défendu devant cette loge le F.·. Andrieux, jugé et condamné à la tenue symb.·. du 18 février 1885 (1).

C'est grâce à ce que vous avez été jadis secrétaire du fameux Comité de la rue Grôlée, création maçonnique; c'est grâce à la franc-maçonnerie et sous ses auspices, que vous avez surgi à la politique, successivement comme conseiller municipal, conseiller général, puis comme député en 1885; comme ministre enfin, à l'avènement du ministère Tirard, après la chute du cabinet Floquet, renversé sur cette question de revision dont vous avez si longuement parlé, et qui occupe tant de place dans vos préoccupations!

Vos collègues du ministère sont, je ne dirai pas tous, (car je n'en ai pas la preuve pour M. de Frey-

(1) Cette *tenue* était présidée par le vén.·. de l'atelier, le F.·. Fabre Léon 30e, assisté des F F.·. Marmy et Arnould, 1er et 2me surveillants; Bard, orateur (qui porta la parole et requit contre le F. Andrieux); Brazis, secrétaire; Berthaud, trésorier; Ferrand, hospitalier; Bouniard et Rolland, maîtres des cérémonies.

Le décret du Conseil de l'Ordre (rendu en exécution du jugement du 18 fév. 1885), qui exclut le F.·. Andrieux de la franc-maçonnerie est du 23 avril 1885. Tout cela, ainsi que le résumé du plaidoyer que vous avez fait comme défenseur d'office, se trouve consigné au *Bulletin du Grand Orient de France, suprême Conseil etc., Journal officiel de la maçonnerie française*, dans le fascicule du *Bulletin mensuel de mars et avril 1885*, (p. 23 et suiv.).

cinet), mais presque tous francs-maçons, membres de la Confrérie des Frères trois-points, chevaliers de la truelle et du compas, fils de la veuve et vengeurs d'Hiram. M. Constans a fait partie du Grand Orient, Suprême Conseil maçonnique pour la France et les possessions françaises ; MM. Tirard, Spuller, Rouvier, sont frères trois points, ont juré obéissance à la secte, etc.

Étant donnés ces deux faits :

D'une part, que la franc-maçonnerie a entrepris une campagne des plus actives contre l'Église et le clergé catholiques ; qu'elle redouble d'efforts pour anéantir le SURNATURALISME ;

D'autre part, étant acquis et indubitable, que vous appartenez à cette secte malfaisante et redoutable ;

De ces prémisses certaines, je crois pouvoir déduire cette conclusion : que vous exécutez au pouvoir, en une certaine mesure compatible avec les circonstances, le milieu, l'état des esprits, les possibilités, d'abord le programme général de la maçonnerie, puis son plan de campagne actuel contre l'Église, sa mission, ses œuvres, son influence, etc. — Or, préposer à la Justice et surtout aux Cultes, un franc-maçon, un délégué des loges, un personnage voué à l'obéissance passive de la manière étroite et despotique que nous savons, chargé de réaliser le D.·. J.·. M.·. QUAND MÊME de 1885, d'exécuter les instructions secrètes des hauts chefs de la secte, vraiment c'est un COMBLE, comme on dit aujourd'hui ! C'est le cas de répéter le mot de Néron sur Britannicus

J'embrasse mon rival, mais c'est pour l'étouffer !

Avouez, Monsieur, que toutes les vraisemblances sont pour la thèse que je mets en avant : que toutes les lois de l'analogie, de l'induction comme de la déduction, élèvent cette hypothèse, presque au rang d'une démonstration.

Mais comme je ne veux rien pousser à l'extrême, que j'entends rester dans la justice et la modération, je vous répéterai encore: si je me trompe, démentez-moi, j'accueillerai, avec un vrai plaisir, vos démentis, vos rectifications et surtout les preuves que vous voudrez bien me faire parvenir. Je m'engage à publier tout cela.

J'ai posé publiquement à M. Vergoin, avant les élections, au cours d'une conférence qu'il faisait à la Croix-Rousse, (brasserie Française, rue des Écoles) à quelques pas de cette brasserie Dupuis où vous avez été si entraînant, une question gênante peut-être, mais que je croyais utile, indispensable même à la veille des élections, pour la netteté des situations et la portée du vote.

M'appuyant sur divers précédents, notamment sur une déclaration faite par le conférencier dans un banquet à Versailles : « qu'il était partisan de la République radicale, mais n'entendait plus subir le joug des Francs-Maçons » ; que toutes les loges avaient pris des délibérations et envoyé de l'argent pour soutenir la candidature Jacques contre celle de Boulanger, etc., etc. ; je lui ai demandé quels « étaient les rapports exacts, et actuellement existants entre le parti boulangiste, ou parti national, et la F.·.-Maçonnerie ? »

Cette mise en demeure publique a obligé M. Vergoin à une confession publique, à une déclaration retentissante, répétée et commentée spécialement par les journaux conservateurs de la région.

Cette déclaration, que je crois parfaitement sincère est celle-ci : « J'ai fait partie de la franc-maçonnerie depuis quatre ans. Quand s'est levée l'épopée boulangiste, j'ai été un des premiers à y entrer et j'ai été l'objet d'excommunications nombreuses du Conseil suprême, douze peut-être. Comme il est probable, qu'il y a dans la salle des Fr.·. dispersés que je ne connais pas, demain, à mon retour à Paris, je trouverai probablement une excommunication nouvelle, à laquelle je n'obéirai pas plus qu'aux précédentes. Je veux la liberté pour tous, pour les prêtres comme pour les Fr.·.-Maçons. Liberté! Liberté! Liberté! »

Cette déclaration courageuse et éloquente fut couverte d'applaudissements. Je me levai de nouveau pour faire cette simple constatation : « Ici comme à Versailles, vous le voyez, citoyen, pas un contradicteur et des applaudissements unanimes! Je suis heureux que ma question ait fourni à l'orateur l'occasion d'explications aussi nettes, et de ce véritable accès d'éloquence. »

C'est une déclaration semblable que j'ai l'honneur de solliciter de vous, sans y trop compter, je l'avoue. Les succès que vous avez obtenus jusqu'ici, la situation éminente que vous occupez, ont à jamais, je le crains, rivé vos chaines et mis le sceau à votre esclavage maçonnique. L'exemple de votre confrère, M Andrieux, est là, au reste, pour vous démontrer le danger d'une rupture avec les Frères trois points. La Maçonnerie élève puis abaisse à son gré ses créatures.

Je sais tout votre talent et j'ai eu souvent l'occasion d'admirer la lucidité de votre exposition à la barre ; mais beaucoup de nos confrères du barreau de Lyon ont aussi un grand talent, plus littéraire même, plus coloré, plus chaud que le vôtre; et je me persuade difficilement que votre haute fortune politique, ne soit pas en quelque point liée au patronage puissant et occulte de cette société secrète, qui passe pour mener les élections et régenter le monde politique.

Le sage et avisé Léon XIII juge ainsi du pouvoir de la secte : « Il en est résulté que, dans l'espace d'un siècle et demi, la secte des Fr∴-Maçons a fait d'incroyables progrès. Employant à la fois l'audace et la ruse, elle a envahi tous les rangs de la hiérarchie sociale, et commence à prendre, au sein des États modernes, une puissance qui équivaut presque à la souveraineté. »

Je serais heureux d'apprendre de vous même, que vous avez renoncé à de détestables errements, brisé vos chaines, que vous êtes rayé des cadres de « l'association universelle pour la destruction de l'ordre social ». C'est ainsi que qualifie la maçonnerie l'un des derniers auteurs et des mieux informés qui aient écrit sur ce sujet (1).

Puissions-nous ne plus vous compter au nombre « de ces fauteurs du mal qui, à notre époque, paraissent s'être coalisés dans un immense effort,

---

(1) C'est un très illustre souverain grand inspecteur général du 33e et dernier degré de la franc-maçonnerie, Paul Rosen qui, sous ce titre : *Satan et Cie*, a publié un volume de *révélations complètes et définitives de tous les secrets de la Franc-Maçonnerie*, orné de planches nombreuses et fruit d'une immense érudition. (Vve H. Casterman, Douai, 1888). « Ce livre, écrit pour prendre part à un concours maçonnique ouvert par le C∴ O∴ de Belgique et ayant pour objet d'attribuer un prix décennal à *l'œuvre le plus méritoire au point de vue des principes maçonniques*, a converti son auteur en l'obligeant à approfondir les principes de la secte. Il l'a cependant achevé, puis dédié à la Fédération des cercles catholiques belges, en la personne de son président, M. Charles Wœrte, ancien ministre de la justice et membre de la Chambre des représentants.

sous l'impulsion et avec l'aide d'une société répandue en un grand nombre de lieux et fortement organisée, la SOCIÉTÉ DES FRANCS-MAÇONS. » C'est en ces termes que Léon XIII désigne et stigmatise ses adeptes : « Que personne, ajoute ce grand pape, ne se laisse tromper par de fausses apparences d'honnêteté. Le principe fondamental, qui est comme l'âme de la secte, étant condamné par la morale, il ne saurait être permis de se joindre à elle, ni de lui venir en aide d'aucune façon. Il ne se peut imaginer rien de plus pervers. »

Je ne puis résister au désir de faire quelques emprunts à ce monument de sagesse, de raison, de science politique et sociale. Ce que je puis dire de mon chef, manque souvent d'autorité. La parole du chef de l'Église, du pasteur des âmes, gardien vigilant du troupeau qu'il doit mener aux célestes pâturages, doit être écouté de tous les fidèles, d'autant que le successeur de Pierre, est un grand politique, un esprit doué d'une rare clairvoyance, aussi équitable et modéré que fin et avisé.

Dans cette même encyclique se trouvent exposés de MAIN DE MAÎTRE les principaux caractères qui rendent cette SECTE SI PERNICIEUSE :

« La plupart des sectes qui existent dans le monde; bien que différant par le nom, les rites, la forme, l'origine, se ressemblent et sont d'accord entre elles par l'analogie du but et des principes essentiels. En fait, elles sont identiques à la Franc-Maçonnerie qui est pour toutes les autres le « point central » d'où elles procèdent et où elles aboutissent... Bien qu'elles aient l'apparence de ne pas aimer à demeurer cachées..., elles appartiennent à la famille des sociétés clandestines et en gardent les allures. En effet, il y a chez elles des espèces de mystères que leur constitution interdit avec le plus grand soin de divulguer....,

« A cette catégorie appartiennent les conseils intimes et suprêmes, les noms des chefs principaux, certaines réunions plus occultes et intérieures aussi que les décisions prises avec les moyens et les agents d'exécution. A cette loi du secret, concourent merveilleusement la division faite entre les associés, des droits, des offices et des charges, la distinction hiérarchique, savamment organisée, des ordres et des degrés, et la discipline sévère à laquelle tous sont soumis.

« La plupart du temps, ceux qui sollicitent l'initiation, doivent promettre, bien plus, ils doivent faire le serment solennel de ne jamais révéler à personne, à aucun moment, d'aucune manière, les noms des associés, les mots caractéristiques et les doctrines de la société. C'est ainsi que sous des apparences mensongères, et en faisant de la dissimulation une règle constante de conduite, comme autrefois les Manichéens, les Francs-Maçons n'épargnent aucun effort pour se cacher et n'avoir d'autres témoins que leurs complices.

« Leur grand intérêt étant de ne pas paraître ce qu'ils sont, ils jouent le personnage d'amis des lettres ou de philosophes, réunis ensemble pour cultiver les sciences. Ils ne parlent que de leur zèle pour les progrès de la civilisation, de leur amour pour le pauvre peuple. A les en croire, leur seul but est d'améliorer le sort de la multitude et d'étendre à un plus grand nombre d'hommes les avantages de la société civile. Mais à supposer que ces intentions fussent sincères, elles seraient loin d'épuiser tous leurs desseins... »

Nous avons plus haut cité la suite, relative aux

injonctions des chefs, à l'obéissance absolue qu'ils exigent de leurs adeptes, aux crimes qu'ils leur font commettre, etc.

Continuons : « D'autres preuves d'une grande clarté s'ajoutent aux précédentes et font encore mieux voir combien, par sa constitution essentielle, cette association répugne à l'honnêteté... un bon arbre ne peut porter de mauvais fruits, etc.

« Or, les fruits produits par la secte maçonnique sont pernicieux et des plus amers... Cette conclusion nous livre le dernier mot de ses desseins. Il s'agit pour les francs-maçons — et tous leurs efforts tendent à ce but — il s'agit de détruire de fond en comble toute la discipline religieuse et sociale, qui est née des institutions chrétiennes, et de lui en substituer une nouvelle façonnée à leurs idées et dont les principes fondamentaux et les lois sont empruntés au naturalisme...

« C'est contre l'Église catholique, dont la mission tout à fait propre et spéciale consiste à recevoir dans leur plénitude et à garder dans une pureté incorruptible les doctrines révélées de Dieu, etc., que les adversaires déploient le plus d'acharnement et dirigent leurs plus violentes attaques.

« Qu'on voie à l'œuvre la secte des Francs-maçons, dans les choses qui touchent à la religion, là principalement où son action peut s'exercer avec une liberté plus licencieuse, et que l'on dise si elle ne semble pas s'être donnée pour mandat de mettre à exécution les décrets des naturalistes.

« Aussi, dût-il lui en coûter un long et opiniâtre labeur, elle se propose de réduire à rien, au sein de la société civile, le magistère et l'autorité de l'Église... Par suite, ils excluent des lois, aussi bien que de l'administration de la chose publique, la très salutaire influence de la religion catholique et ils aboutissent à la prétention de constituer l'État tout entier en dehors des institutions et des préceptes de l'Église.

« Il faut encore qu'ils la traitent en ennemie et usent de violence contre elle. De là l'impunité avec laquelle, par la parole, par la plume, par l'enseignement, il est permis de s'attaquer aux fondements même de la doctrine catholique, etc.

« Ils ne gardent même plus dans leur intégrité et dans leur certitude, les vérités accessibles à la seule lumière de la raison naturelle, telles que sont assurément l'existence de Dieu, la spiritualité et l'immortalité de l'âme... Or, quand ce fondement nécessaire est détruit ou seulement ébranlé, il va de soi que les autres principes de l'ordre naturel chancellent dans la raison humaine, et qu'elle ne sait plus à quoi s'en tenir, ni sur la création du monde, par un acte libre et souverain du Créateur, ni sur le gouvernement de la Providence, ni sur la survivance de l'âme et la réalité d'une vie future et immortelle succédant à la vie présente... L'effondrement des vérités qui sont la base de l'ordre naturel, et qui importent si fort à la conduite rationnelle et pratique de la vie, aura un contre-coup sur les mœurs privées et publiques.

« Aussi voyons nous multiplier et mettre à la portée de tous les hommes, tout ce qui peut flatter leurs passions... Il s'est trouvé dans la Franc-Maçonnerie des sectaires pour soutenir qu'il fallait systématiquement employer tous les moyens de saturer la multitude de licences et de vices, bien assurés qu'à ces conditions, elle serait toute entière entre leurs mains, et pourrait servir d'instrument à l'accomplissement de leurs projets les plus audacieux.

« La secte concentre aussi toutes ses énergies et tous ses efforts pour s'emparer de l'éducation de la jeunesse...

« Les faits que nous venons de résumer mettent en une lumière suffisante la constitution intime des Francs-maçons et montrent clairement par quelle route ils s'acheminent vers leur but. Leurs dogmes principaux sont en si complet et si manifeste désaccord avec la raison, qu'il ne se peut imaginer rien de plus pervers. En effet, vouloir détruire la religion et l'Église établies par Dieu lui-même, et assurées par lui d'une perpétuelle protection, pour ramener parmi nous, après dix-huit siècles, les mœurs et les institutions des païens, n'est-ce pas le comble de la folie et de la plus audacieuse impiété? L'autre dessein, à la réalisation duquel les Francs-Maçons emploient tous leurs efforts, consiste à détruire les fondements principaux de la justice et de l'honnêteté. Par là, ils se font les auxiliaires de ceux qui voudraient, qu'à l'instar de l'animal, l'homme n'eût d'autre règle d'action que ses désirs. Ce dessein ne va à rien moins qu'à déshonorer le genre humain et à le précipiter ignominieusement à sa perte, etc. » (1)

J'en ai fini maintenant, Monsieur, avec ces extraits. Cette encyclique demande à être lue tout entière. Heureux si ces citations peuvent inspirer à quelques-uns cette pensée salutaire. A elle seule, en effet, elle suffirait à placer son auteur parmi les esprits éminents qui ont honoré l'humanité, à immortaliser le Pontificat de **Léon XIII** !

---

(1) Encyclique *Humanum genus* de Léon XIII, du 20 avril 1884.

J'ai préféré laisser parler une bouche autorisée sur la nature, la constitution, les desseins et agissements de la secte dangereuse à laquelle vous avez été affilié. Le Chef de l'église, le Pasteur des âmes a vu de haut et de loin. Divin Pilote, sa parole inspirée a signalé à tous, les écueils vers lesquels la Franc-Maçonnerie entraine les Sociétés qui se laissent guider par elle.

Per que domos ditis vacuas inania regna.

Telles ces Syrènes, dont les appels séducteurs entrainaient, vers des rivages inhospitaliers, les compagnons fascinés d'Ulysse.

Je ne prétends pas vous attribuer tous ces noirs desseins. Toute règle comporte des exceptions; toute secte a ses réfractaires, ses tièdes, ses politiques. Mais, vous voyant si haut, je crains que vous ne soyez fortement engagé. En tout cas, je répète volontiers, ces paroles du Grand Pape qui occupe la chaire du Pêcheur d'hommes.

« Nous ne prétendons pas appliquer toutes ces réflexions, à chacun des membres de la Franc-Maçonnerie, « pris individuellement ». Parmi eux, en effet, il peut s'en trouver et « même un bon nombre » qui, bien que non exempts de faute pour s'être affiliés à de semblables sociétés, ne trempent cependant pas dans leurs actes criminels, et ignorent le but final que ces sociétés s'efforcent d'atteindre. De même encore il peut se faire, que quelques uns des groupes n'approuvent pas les conclusions extrêmes, auxquelles la logique devrait les contraindre d'adhérer, puisqu'elles découlent nécessairement des principes communs à toute l'association etc. »

Il est d'heureuses inconséquences et des manques de logique, qui sont des retours au bon sens, des revanches de la vérité méconnue. Je ne veux pas douter un seul instant qu'il n'en soit ainsi de vous, « pris individuellement. »

Le grand obstacle à la conciliation, à l'union, ce n'est pas vous personnellement, c'est le parti auquel vous appartenez, dont vous êtes la créature, le prisonnier, « Je suis leur chef, il faut bien que je les suive. » Ce mot est éternellement vrai.

Comme individu, je vous sais assez sceptique pour être malléable, assez habile pour désirer l'apaisement, et pour tenter quelque chose, en ce sens ; mais ceux qui vous ont promu, les grands électeurs qui vous ont poussé au faîte, n'entendent pas de cette oreille. Ils veulent la guerre, la guerre religieuse surtout; ils la veulent à outrance, sans merci ni miséricorde. Car ils sont une église, une petite église intolérante, exclusive et fermée. Ils ont leurs cérémonies, leurs rites, leurs insignes ou leurs symboles, leur morale et leur culte. Vous le savez mieux que moi, l'ayant pratiqué. « Hors de notre Église pas de salut. Qui n'est pas avec nous est contre nous. »

Le Grand Orient d'Italie, vient de rédiger à l'usage de ses adeptes, tout un code d'instructions minutieuses dont le but avoué est la destruction du Catholicisme, « la plus tenace des religions surnaturelles ». Déconsidérer le clergé par tous les moyens; le mettre en suspicion auprès des fidèles ; persuader hypocritement que la Maçonnerie ne « combat pas les Catholiques, mais les Cléricaux qui sont les corrupteurs du Catholicisme ; inculquer au peuple l'idée que la Franc-Maçonnerie n'a pas un but politique, mais qu'elle se propose uniquement la bienfaisance et la paix, la liberté et la rédemption de l'esclavage des esprits, aggravé par les dogmes et les préceptes religieux. » Voilà quelques uns des moyens recommandés.

En voici d'autres ; « l'Instruction et l'Éducation dans les Écoles, doivent être aussi le souci quotidien des FF.·. M.·.

« Ils doivent veiller à ce que, sauf les cas exceptionnels, on ne donne pas de titres aux personnes catholiques ou qu'on prévoit devoir conserver des attaches catholiques. Il faut que les écoles municipales, asiles, collèges, lycées et écoles techniques, selon les circonstances, soient indifférents ou contraires au Catholicisme, et qu'on y enseigne les doctrines et les mœurs naturalistes et libres, étrangères à toute préoccupation religieuse.

« Les écoles supérieures doivent être au pouvoir des FF.·. M.·. ou de leurs alliés ; plus la lutte soutenue jusqu'ici a été faible, plus il est nécessaire qu'on commence à la mener avec hardiesse ».

« Ces instructions recevront des développements plus détaillés. - - En attendant, tous les adeptes de notre société doivent les observer fidèlement, et ainsi on hâtera le jour où le « naturalisme » chantera l'hymne de la rédemption, sur « les ruines de la religion et de la révélation » ; alors l'homme et l'humanité s'avanceront sans obstacle dans les voies du progrès illimité, en s'appliquant exclusivement à produire pour les hommes sur terre, le bonheur que d'aucuns rêvent de placer dans la vie future ». (1)

Cette circulaire toute récente, contient un exposé

---

(1) Traduction d'une circulaire du Grand Orient d'Italie, publiée en Octobre 1889 par le journal sicilien *L'Arco*. *Le Nouvelliste de Lyon* l'a donnée en entier. N° du 20 janvier.

à peu près complet de la campagne des loges contre l'Église. — Que de choses indiquées là, qui ont déjà été faites et qui continuent à se faire ! Quelle concentration et quintessence de haine ! Quelle satanique habileté pour arriver à déchristianiser les peuples ! — Mais comme « un peuple n'a jamais survécu à sa religion, » dit très exactement le rituel du 33e et dernier degré de l'Ecossisme, c'est en « tuant la religion, que les sectaires trois-points, auront à leur merci la loi et la propriété ; que sur les cadavres de ces assassins, ils établiront la religion, la loi et la propriété maçonniques ; c'est-à-dire naturalistes et libres ». (1)

On voit d'ici l'avenir que cela nous prépare ; c'est tout simplement une nouvelle invasion « des barbares, » une submersion de l'Europe civilisée par les hordes sauvages de Gengis-Kan ou de Timour-Lenk. Attila se nommait « le fléau de Dieu » ; la maçonnerie peut s'appeler le soupirail de l'enfer, le royaume de Satan, la bête de l'Apocalypse ou l'Antechrist prophétisé par saint Jean à Pathmos.

---

(1) Cette circulaire du Grand Orient d'Italie, s'adresse aussi aux F.·. M.·. de France, en vertu du pacte fédératif conclu au grand couvent de Lausanne en 1875. — On y lit relativement aux *Funérailles civiles* : « nous recommandons aux V.·. F.·. de toujours porter leur attention sur les dispositions maçonniques concernant la crémation des cadavres, le mariage et les *funérailles civiles* ; qu'on ne permette pas autant que possible le baptême des enfants : qu'on jette un discrédit sur *tout ce qui a un caractère religieux* et principalement sur la *presse catholique* etc ». Les tentatives maçonniques qui viennent de se produire aux funérailles du maire de Pontoise ; à celles du préfet Delatte et de l'entrepreneur Picolet, montrent combien la F.·. maçonnerie obéit servilement à ces instructions ; avec quelle ardeur les adeptes des loges tentent de substituer leurs rites à ceux de l'Eglise catholique. C'est la religion du *Naturalisme*.

Voilà, Monsieur, pourquoi toutes vos paroles d'union sont vaines ; pourquoi tous vos appels à la concorde, à la pacification, resteront je le crains inefficaces, inécoutés. — Vous ne pouvez pas ! vous êtes poussé, démenti, contredit, traîné et contraint par plus fort que vous ! Vous n'osez même pas parler de concorde et de pacification, comme ministre ! Vous en parlez comme simple député, comme citoyen lyonnais ! l'homme public est *res alieni juris.*

Challemel-Lacour a fait son *mea culpa*, vous n'avez pas encore fait le vôtre, et je ne vous crois pas disposé à le faire. — Vous n'avez la « contrition » ni parfaite ni imparfaite : pas même la simple « attrition », la repentance du mal opéré à raison des résistances qu'il soulève, des difficultés qu'il vous crée, de l'instabilité dont il frappe votre existence ministérielle. — Le regretté Raoul Duval, cet homme de résolution et de devoir, a porté à la tribune française un éloquent appel à la conciliation, à la fusion sous l'étiquette républicaine. Cet appel n'a pas été entendu. *Vox clamantis in deserto.* Raoul Duval est mort, frappé au cœur par la désillusion de son rêve de patriote.

Gambetta, avec sa grande situation, son incontestable autorité, a essayé de la conciliation. L'homme qui, sous l'inspiration de P. Bert, avait dit à Romans : le cléricalisme, voilà l'ennemi ! et déchaîné toutes les fureurs anti-religieuses, reconnaissait que la Chambre de 1880 était une Assemblée de sous-vétérinaires, de fruits secs et d'impuissants. Il appelait à des postes importants deux hommes de conscience et de valeur, MM. Weiss et de Miribel. Il voulait la concorde et la pacification, comme nous l'apprend son jeune ami Reinach. C'était un caractère, une volonté, celui-là. Il renvoyait aux basses œuvres des loges les émissaires que lui dépêchaient les grands chefs de la secte. « Est-ce que je lui ai jamais demandé quelque chose ? » Aussi s'en est-on débarrassé ; on l'a *suicidé* par le revolver d'une maîtresse, sœur franc-maçonne, qui lui a logé une balle dans le ventre. (1) Voilà l'apaisement ! Il avait compris celui-là, qu'il y a une patrie en dehors et au-dessus des intérêts d'une secte ! C'est un grand exemple à imiter.

Les opposants de la Chambre, les conservateurs de toutes nuances, nous donnent en ce moment un grand exemple de patriotisme. Sacrifiant toutes leurs rancunes, mettant sous leurs pieds les griefs les plus légitimes, ils laissent invalider leurs amis, décimer leurs rangs, comme les soldats de la Légion thébaine ! Vous le constatez vous-même : « il y a, dites-vous, dans la Chambre, actuelle un mot d'ordre qui est une grande pensée de concorde et d'union. »

Mais si les représailles et les vengeances continuent, si le vainqueur va le lendemain, parcourir le champ de bataille pour achever les blessés ; si profitant d'avantages partiels, il poursuit les vaincus l'épée dans les reins ; s'il viole l'armistice et en profite pour augmenter ses forces et tendre des embûches à son adversaire ; s'il parle de paix, arbore le drapeau parlementaire et continue sournoisement la guerre : alors la trêve prendra vite fin ; la bataille recommencera plus acharnée, plus meurtrière, entre les fils de la même patrie, sous les yeux ravis de l'ennemi héréditaire applaudissant à nos discordes et marquant les coups.

---

(1) *Les assassinats maçonniques,* par L. Taxil et Paul Verdun, p. 331. — Article du Comte d'Hérisson dans le *Gaulois,* (15 janv. 90).

Les Prussiens en 1871, du haut des terrasses de St.-Germain, buvant le champagne avec des filles, contemplaient l'incendie de Paris, les Tuileries, les Finances, la Cour des comptes livrées aux flammes, vaste brasier qui illuminait l'horizon, et dans leur lourde ivresse teutonne, levaient leurs verres à la mort de la France! — Oh! ne leur donnons plus la joie de nos discordes! Soyons unis pour être forts! Que nos cœurs de patriotes battent à l'unisson! Que cette statue de Jeanne l'héroïque et la sainte, de la pucelle d'Orléans, qu'on va élever à Vaucouleurs, ravive notre patriotisme : qu'elle protège la frontière, la reporte au Rhin! qu'elle nous redise que c'est en confondant ces deux amours, la patrie de la terre et la patrie du ciel, la France et la religion, que nous avons été, que nous serons invincibles!

Je termine, Monsieur, en vous indiquant la voie sinon unique, du moins principale de l'apaisement; celle qui relève de votre ministère, qui en part, et y aboutit; la voie royale de la « pacification religieuse. » Elle porte cette simple indication : Ici on ne persécute pas les consciences. — Oui, faites cesser ce que les catholiques considèrent à bon droit comme une persécution; n'exilez pas Dieu de l'école, des hôpitaux et hospices, de la marine et de l'armée, du cimetière et du prétoire. Laissez les parents libres de faire élever leurs enfants selon leurs croyances; les fonctionnaires libres d'aller à la messe s'il leur plaît. Ne privez pas les malades et infirmes de ces trésors de charité et de dévouement que renferme le cœur des sœurs des pauvres, des filles de St-Vincent de Paul! Ne mettez pas vos concitoyens entre leur conscience et leurs intérêts, les forçant ainsi à faire acte quotidien d'héroïsme, pour rester fidèles à leurs convictions. « N'enmurez pas le clergé en prison perpétuelle », dans les 17 articles de cette convention rudimentaire et incomplète qui a nom le Concordat, à laquelle son auteur d'abord, puis les gouvernements subséquents ont tous successivement dérogé, sous le coup d'évidentes nécessités.

Ne soyez pas les pharisiens du concordat; ne transformez pas un instrument de pacification en une machine de guerre : « la lettre tue, et l'esprit vivifie. »

La politique soi-disant « strictement concordataire » de M. P. Bert, n'est qu'une oppression à peine déguisée, sous le couvert d'un texte incomplet, vieilli, faussé dans son esprit et dans son interprétation historique, mutilé dans les applications successivement élargies qu'en ont faites les événements et les divers régimes. Expulsez aussi les religieux et fanatiques de la « stricte observance. » Tout le monde y gagnera.

Est-ce que la *loi des douze tables*, ce fondement et cet arcane du droit Romain ? Est-ce que le *code civil* lui-même, n'ont pas été sans cesse interprétés, modifiés, complétés, élargis et rectifiés : le premier, par les *Édits du Préteur*, les *Réponses des Prudents*, la législation de Justinien ; le second, par les décrets et règlements, par les décisions de la jurisprudence, par les jugements et arrêts des tribunaux et des cours, régularisés et unifiés eux-mêmes par les décisions de la Cour suprême ? Quoi! tout a changé en Europe ! les frontières se sont transportées ; des Etats nouveaux ont apparu ; la science, l'industrie, la vapeur, l'électricité ont tout modifié, tout rénové ! Et le concordat seul, figé dans son texte nu, resterait immobile dans cet ensemble mouvant ; seul, levant sa tête altière au milieu des éléments déchaînés, roc inabordable et solitaire, il verrait expirer à ses pieds, sans en être atteint, le flot toujours grossi, des besoins, des intérêts, des passions humaines ! Vous faites bien grand le génie de Napoléon qui aurait posé cette borne ! Et Portalis, et Consalvi, ne pourraient s'empêcher de sourire en voyant de quel respect superstitieux et tardif, vous entourez leur œuvre, comptant les mots, les syllabes et les virgules de crainte d'y déroger !

Il semble, Monsieur, qu'en l'année du Centenaire de notre grande Révolution, ce ne soit point un crime, de réclamer la liberté de conscience, avec les conséquences qu'elle enferme nécessairement : le culte public, la propagande par la parole, les œuvres, les manifestations extérieures et sociales de la croyance.

Telle est notre modeste requête, que je prie le député de la 2e circonscription de vouloir bien transmettre à certain ministre de la justice et des cultes, dans l'intimité duquel il est admis.

Je finis par deux citations qui me paraissent résumer ce long parcours. Votre collègue, Mgr Freppel, disait à son clergé dans une allocution en réponse aux vœux du nouvel an :

« Ah ! j'entends bien parler ici et là, de conciliation, d'apaisement des esprits, et ces mots ont toujours le privilège de nous toucher.... ; mais au moins faudrait-il, que l'on pût découvrir sous ces mots quelque semblant de réalité ! En sommes-nous-là ? etc., etc. Tant que durera un état de chose si lamentable, nous manquerions de sérieux et de dignité, en ajoutant foi à des sentiments, qui se traduisent par un redoublement d'injustice et de vexations. »

Un homme d'Etat qui, soit dit sans vous offenser, avait bien votre envergure et même votre éloquence,

M. Thiers (puisqu'il faut l'appeler par son nom), alors Président de la République, disait à l'Assemblée nationale, celle qui a fait la Constitution de 1875 que vous admirez tant, ces paroles, empreintes de la plus haute sagesse politique et souvent citées :

« Pour moi, toucher à une question religieuse est la plus grande faute qu'un gouvernement puisse commettre..... Pour moi, affliger quelque nombre que ce soit de consciences religieuses, est une faute qu'un gouvernement n'a pas le droit de commettre..... Le plus haut degré de philosophie, c'est de respecter la conscience religieuse d'autrui....., et tout gouvernement qui veut entreprendre sur la conscience d'une partie quelconque de la nation est un gouvernement impie aux yeux même de la philosophie (très bien ! très bien ! applaudissements !). Prenez-y garde, la conscience religieuse est une des plus formidables puissances de ce monde, et c'est l'honneur de l'humanité que ce ne soient pas seulement les intérêts matériels qui la meuvent, mais que ce soient aussi des questions religieuses, des idées profondément désintéressées (bravos et applaudissements). Mettez-vous à la place d'un homme qui pense ce que j'ai pensé, ce que je pense encore....., d'un homme qui regarde comme un malheur d'affliger les catholiques de France, lesquels sont, après tout, 36 millions sur 37, et représentent le grand culte national » (1).

Voilà ce que disait et faisait celui à qui l'Assemblée, dans sa reconnaissance enthousiaste, décernait le titre de « LIBÉRATEUR DU TERRITOIRE, AYANT BIEN MÉRITÉ DE LA PATRIE. »

---

(1) Séance de l'Assemblée nationale du 22 juillet 1871. — Voir l'*Officiel*.

XI.

J'en ai fini, Monsieur, de cette longue épître. Le sujet m'a emporté plus loin et plus haut que je n'avais dessein. Vos discours, si nourris de faits, si pleins d'enseignements, si élégants de langage, si solides dans leur éloquente concision, m'ont obligé à une réponse bien plus longue que je ne l'aurais désiré. Ne vous en prenez qu'à vous-même si, l'autorité me faisant défaut, j'ai cru pouvoir y suppléer par la multiplicité des arguments et l'abondance des paroles. — Puis le temps m'a manqué pour faire court. — En venant faire une incursion sur le territoire de ma récente circonscription, vous avez réveillé en moi toutes les ardeurs, tous les entraînements de la lutte électorale. La terre est à tous, je le sais, mais la Croix-Rousse n'appartient ni à Chépié, ni à vous, ni au Central. Elle est acquise à la revision intégrale, au socialisme modéré, à l'anti-opportunisme. Ayant eu l'honneur de faire cette campagne et d'y être suivi par quelques troupes, j'ai tenu à honneur d'en défendre le plan, le but et les moyens. Les milliers d'électeurs qui ont voté pour le citoyen Couturier, à raison de son programme, ont fait une œuvre sérieuse, sincère, raisonnable, patriotique. La Croix-Rousse est restée l'avant-garde de la démocratie lyonnaise. Il était bon de le montrer, de le lui dire, après la tentative que vous avez faite et la démonstration quasi-officielle à laquelle vous vous êtes livré.

Vous excuserez, Monsieur, les vivacités de cette lettre, ou plutôt de cette polémique, que vous avez vous-même provoquée. Elle vise plus un système qu'un homme, un parti que ses représentants au pouvoir. En venant exalter dans la circonscription où j'ai eu l'heur de me présenter, une politique, qui dans ma conviction, conduit la France à sa ruine prochaine, vous m'imposiez, pour ainsi dire, le devoir de vous répondre. — Je l'ai fait avec netteté et sans réticences, estimant avec le grand Condé, « que la meilleure politique c'est la franchise » Ma parole est loyale comme ma pensée :

J'appelle un chat, un chat, et Meyer un fripon.

Vous auriez pu triompher modestement, et ne pas venir sur le champ de bataille, porter le défi à des adversaires, qui, s'ils sont battus ailleurs, ici ont résisté victorieusement, délogé l'opportunisme et maintenu leurs positions. Ne vous en prenez donc qu'à vous-même, si les ardeurs du punch Dupuis m'ont aussi gagné.

Ce n'est pas sur le mont Aventin Lyonnais, qu'il faut venir rééditer le vieil apologue usé des *membres et de l'estomac.* Le temps est passé des Ménénius Agrippa. Le ventre de Paris, et l'appétit opportuniste supporteraient malaisément la comparaison.

Montez au Capitole, soit ! Mais souffrez que je sois cet infime personnage, qui dans le trajet glorieux rabaissait l'orgueil du Triomphateur, le rappelait aux réalités de la vie, à l'infirmité native de notre condition.

L'antiquité, toujours ingénieuse, représentait la fortune sous les traits d'une femme ornée de ces attributs : des ailes, un bandeau et une roue. Un bandeau parce qu'elle distribue ses faveurs en aveugle; une roue parce qu'elles sont instables; des ailes attachées à des épaules de femme, parce qu'elle vole où il lui plait, et ne séjourne pas longtemps au même endroit.

Souvent femme varie...

Eh bien, attendons à demain! si tant est que l'inexorable Parque Atropos, ne tranche pas soudainement le fil de nos destinées. Peut-être alors, répéterez-vous mélancoliquement avec le Roi-Prophète : vanité des vanités et tout est vanité ; ou avec je ne sais plus quel Empereur de Rome : ***omnia fui et nihil prodest.*** J'ai été tout : — tout n'est rien.

Veuillez agréer, Monsieur le Député ministre, les sentiments distingués d'un adversaire qui, à votre exemple, sait discerner l'homme privé de l'homme public, et le confrère du ministre.

C. LEBRUN,

Ancien Magistrat, Avocat

Candidat revisionniste de la 5ᵉ circonscription du Rhône

www.ingramcontent.com/pod-product-compliance
Ingram Content Group UK Ltd.
Pitfield, Milton Keynes, MK11 3LW, UK
UKHW020333180726
13839UKWH00002B/697

9 782329 557809